MEDIDAS PERFEITAS

1 2 3 4 5 6 7 8 9 10 11 12 13

MEDIDAS PERFEITAS

COMO MANTER A FORMA DEPOIS DOS 30 ANOS

14 15 16 17 18 19 20 21 22 23 24 25 26

Sally Lewis

MARCO ZERO

Notas

É aconselhável consultar seu médico antes de iniciar qualquer programa de exercícios. Este livro não tem a intenção de substituir a orientação médica individual. Portanto, você deve consultar um médico para avaliação de sua saúde, especialmente com relação a qualquer sintoma que precise de maior atenção ou diagnóstico. Embora se acredite que as orientações e informações contidas neste livro sejam precisas até o momento de sua impressão, nem o autor nem o editor assumem responsabilidade legal ou encargos por erros ou omissões que possam existir.

Medida padrão de colheres que são usadas em todas as receitas:
1 colher de sopa = uma colher de 15 ml
1 colher de chá = uma colher de 5 ml

Os fornos devem ser pré-aquecidos na temperatura especificada — se usar um forno elétrico ou a vapor, siga as instruções do fabricante para ajustar o tempo e a temperatura.

Se não houver outra especificação, as ervas a serem usadas deverão ser sempre frescas..

Os Órgãos de Saúde advertem que os ovos não devem ser consumidos crus. Este livro traz alguns pratos feitos com ovos crus ou levemente cozidos. É aconselhável que pessoas vulneráveis, como mulheres grávidas ou amamentando, inválidos, idosos, bebês e crianças evitem pratos crus ou levemente cozidos, que sejam feitos com ovos. Uma vez preparados, esses pratos devem ser mantidos refrigerados e consumidos imediatamente.

Este livro inclui pratos feitos com oleaginosas e derivados. Para as pessoas alérgicas a esses ingredientes e seus derivados e aquelas que possam ser potencialmente vulneráveis a esse tipo de alergia, como mulheres grávidas e amamentando, inválidos, idosos, bebês e crianças, aconselhamos que evitem os pratos feitos com oleaginosas e seus óleos. É também aconselhável observar os ingredientes nos rótulos de alimentos pré-preparados para verificar uma possível existência de derivados de oleaginosas.

Publicado originalmente na Grã-Bretanha em 2007, sob o título *The Waistline Plan*, pela Hamiyn, uma divisão de Octopus Publishing Group Ltd
2-4 Heron Quays, Docklands, Londres E14 4JP

(Marco Zero é um selo editorial da Nobel Franquias S.A.)
Rua Pedroso Alvarenga, 1046 - 9º andar 04531-004 - São Paulo - SP
Fone (11) 3706-1466 — FAX (11) 3706-1462
www.editoramarcozero.com.br
atendimento@editoramarcozero.com.br
Tradução: Jucimara Sobreira

ISBN: 978-85-279-0435-3
Publicado em 2008

Impresso na China

SUMÁRIO

INTRODUÇÃO

O aumento de peso na meia-idade é algo que atinge a todos nós. É uma condição hormonal relacionada a essa idade, que tem diversas implicações na saúde. As pesquisas mostram que as mulheres, especialmente, estão sujeitas a um rápido ganho de peso nessa fase, um período em que mudanças hormonais alteram o metabolismo e provocam aumento de apetite em até 67%. Entretanto, também os homens tendem a engordar a partir dos 30 anos e, estão sujeitos a problemas semelhantes.

A BATALHA CONTRA AS SALIÊNCIAS

A boa notícia é que você pode combater o ganho de peso na meia-idade – e este livro lhe mostrará como. *Medidas perfeitas* é um livro sobre como fazer pequenas mudanças na maneira como você come e se exercita e, o mais importante, no modo como você percebe seu corpo. Conhecer suas necessidades nutricionais, acelerar seu metabolismo, controlar o nível de açúcar no sangue, equilibrar os hormônios e investir parte do tempo exercitando-se, irá ajudá-la a controlar a distribuição do excesso de peso em torno de seu abdome, não importa qual sua idade. Seguindo o cardápio delicioso e algumas rotinas simples de exercícios por apenas 6 semanas, você poderá perder 6 quilos; você parecerá e se sentirá mais esguia, em forma e mais jovem. Uma vez que você tenha alcançado seu peso ideal, poderá usar o Plano de Manutenção da Dieta (veja página 27) para manter esse peso para sempre.

A dieta

Os cardápios para 42 dias são fáceis de seguir, incluem receitas saborosas, dicas nutricionais, sugestões para lanches saudáveis e idéias para mantê-la motivada. As opções de comida são flexíveis e saciam a fome, com alternativas para café da manhã, almoço e jantar, mais dois lanches nutritivos por dia – de maneira que você nem notará que está em dieta e você e sua família certamente não sentirão monotonia!

Os exercícios

Você não tem que gastar horas fazendo exercícios para sentir a diferença. Apenas 10 minutos de exercícios de resistência muscular repetidos 3 vezes ao dia, 5 dias por semana, combinados com uma única sessão de exercícios aeróbios, terão um bom impacto em sua saúde e boa forma. Com pequenos ajustes em sua agenda diária você será capaz de perder o excesso de peso e enrijecer seu corpo. Os os exercícios visam especificamente as áreas onde o aumento de peso na meia-idade se torna comum – estômago, barriga, cintura, quadris, coxas e nádegas.

O QUE É ESPECIAL NESTA PROPOSTA?

Esta proposta realmente funciona porque não é baseada em nenhum regime complicado ou muito rígido. Ela simplesmente combate as causas nutricionais e de estilo de vida que levam ao aumento de peso na meia-idade com uma abordagem simples sobre alimentação saudável e exercícios que podem ser adotados por qualquer pessoa.

- Diferente de outras dietas, esta não a deixa com fome. Ela a encoraja ativamente a comer e mostra a você como fazer as escolhas certas.
- Refeições regulares e saudáveis e lanches diários ajudarão a estabilizar seu nível de açúcar no sangue e a eliminar aqueles desejos pouco saudáveis.
- Os cardápios incluem alimentos que ajudam a acelerar seu metabolismo e equilibrar os hormônios, os quais podem ter um ótimo efeito na redução de gordura abdominal.
- Você não tem que cortar nenhum grupo de alimentos importante, mas vai reduzir a quantidade de açúcar e sal da alimentação. Você pode consumir gordura – mas só aquelas que são boas para você.
- Não há necessidade de contar calorias.
- Toda a família apreciará as receitas, não havendo necessidade de preparar refeições diferentes.
- O programa de exercícios é muito flexível e foi especialmente elaborado para um estilo de vida agitado.
- Exercícios aeróbios e de resistência juntos produzem grandes resultados, queimando gordura e deixando seu corpo firme.

PORQUE A MAIORIA DAS DIETAS NÃO FUNCIONA

As dietas, geralmente fracassam porque são cansativas, ou restringem muito a quantidade de alimentos. A sensação de fome ou a vontade de determinado alimento pode levar à compulsão, geralmente por alimentos calóricos como biscoitos e chocolates. O jejum, faz que o organismo espere ainda mais pela gordura que você está tentando evitar. O metabolismo reduz e aí há o perigo de ganhar peso assim que você voltar a se alimentar normalmente. Mais ainda, quando a ingestão de alimentos pelo corpo é limitada, ele permanece sob estresse . Isso causa uma flutuação dos níveis de açúcar no sangue, criando excesso de glicose que não tem por onde ser eliminado e se transforma em gordura (p.12).

Este livro ajudará você a compreender as necessidades nutricionais de seu corpo. Você descobrirá o que faz que alguns hormônios oscilem e influenciem no ganho de peso, como a idade muda seu corpo e como o estresse pode prejudicar seu bem-estar. Essas informações permitirão que você seja capaz de gerenciar as mudanças no estilo de vida que está prestes a iniciar.

PORQUE O PESO É IMPORTANTE

O ganho de peso na meia-idade é parte de uma condição física conhecida como somatopausa e pode trazer conseqüências sérias, afetando a energia, a memória, o humor e a libido, assim como a densidade dos ossos e músculos, a qualidade da pele e os níveis de colesterol, aumentando os riscos de doenças. Ao mostrar como combater o aumento de peso na meia-idade, este livro a ajudará a restaurar sua vitalidade e proporcionará a você condições de ter uma vida mais longa e mais saudável.

Doenças do coração e derrame

As doenças do coração são uma das principais causas de incapacidade e morte no Ocidente. As pessoas que ingerem alimentos tipicamente ocidentais tendem a acumular depósitos de gordura nas paredes arteriais, que levam à arteriosclerose – estreitamento e endurecimento das artérias, que por sua vez pode causar angina, dores fortes no corpo, e ataques cardíacos. Pessoas acima do peso são também mais propícias a sofrer de hipertensão (elevação da pressão sanguínea), aumentando o risco de doenças do coração e derrames.

Se você está acima do peso, é importante que saiba que, se reduzir seu peso em 10% poderá diminuir o risco de desenvolver doenças do coração, reduzir a pressão arterial e também baixar os níveis do colesterol "ruim" (LDL) e triglicérides (a forma em que as gorduras estão presentes em seu sangue).

Diabetes

Estatisticamente, as pessoas acima do peso – aquelas com Índice de Massa Corporal (IMC) de 25 ou mais (p. 10) – são duas vezes mais predispostas a desenvolver diabetes do tipo 2 do que as pessoas que estão com peso normal. O diabetes tipo 2, que não depende de insulina é o tipo mais comum no Ocidente. É uma doença crônica, na qual o corpo é incapaz de manter a glicemia em níveis adequados. Ocorre quando o corpo não mais responde naturalmente à insulina (p.12), ou quando a produção de insulina é insuficiente.

A boa notícia é que o diabetes tipo 2 pode ser controlado com dietas, exercícios e medicamentos. Sem o controle adequado, ele aumenta o risco de doenças do coração, derrames, danos neurológicos e cegueira. As pessoas que estão com o corpo em "forma de maçã" – com muita gordura em torno do abdome – têm maior risco de desenvolver esse tipo de diabetes.

PORQUE É BOM SE EXERCITAR

- Os exercícios aumentam sua energia e auto-estima.
- Controlam o cortisol, um dos hormônios liberados pela falta de alimentos e pela sensação de fome (p. 12).
- Ajudam a reduzir sua pressão arterial, a diminuir os batimentos cardíacos e reduzir o risco de derrame, doenças do coração, diabetes, osteoporose, entre outras.
- Apenas 10 minutos de exercícios, repetidos 3 vezes por dia, realizados 5 dias por semana, farão a diferença.

Osteoartrite ou artrose

É um distúrbio das juntas, comum e doloroso, e mais freqüentemente afeta as juntas dos joelhos, quadris e coluna lombar. O excesso de peso parece aumentar o risco de osteoartrite, por colocar pressão adicional nas juntas e gastar a cartilagem do tecido que "amortece" as juntas e que a protege naturalmente.

Câncer

Diversos tipos de câncer estão associados à obesidade. As mulheres, são mais suscetíveis ao câncer de útero, vesícula, cérvix, ovários, mama e cólon. Homens acima do peso apresentam um risco maior de desenvolver câncer de cólon, reto e próstata.

Para alguns tipos de câncer como de cólon e mamas, não está claro se o aumento de risco se deve ao aumento de peso ou a uma dieta rica em gordura e calorias – isso, logicamente, está fortemente associado a problemas de peso.

Doenças da vesícula

As doenças da vesícula, geralmente, o cálculo biliar, são mais comuns em pessoas que estão acima do peso e o risco da doença aumenta na proporção em que haja mais aumento de peso. Acredita-se que a doença é causada por uma reação do organismo à gordura e ao colesterol, levando a uma supersaturação da bile.

Apnéia do sono

É um problema sério, intimamente associado ao excesso de peso. Pode causar a parada respiratória por curtos períodos durante o sono e ronco pesado. Além disso, pode causar sonolência durante o dia, e em casos extremos, o início de sintomas de insuficiência cardíaca. O risco da apnéia do sono aumenta com o excesso de peso no corpo.

Fadiga

Os quilos extras fazem que você se sinta cansada, não apenas por causa do peso adicional que está carregando, mas também devido às mudanças na produção dos hormônios, uma vez que o corpo torna-se gradualmente resistente à insulina (pp. 12-13). Assim, você se tornará progressivamente mais cansada e, mais cedo ou mais tarde poderá desenvolver o diabetes tipo 2.

Dores nas costas

Qualquer excesso de peso causa tensão no corpo, e se você carrega esse excesso de peso no abdome, é muito provável que os músculos dessa região não estejam sendo exercitados, tornando-se mais fracos. Músculos abdominais fortes sustentam a coluna e ajudam a prevenir as dores nas costas.

Infertilidade

Ao afetar a produção de hormônios, o aumento de peso pode reduzir as chances de a mulher engravidar.

ENTENDA PESO E GORDURA

Dois métodos podem ser usados para saber se você está acima do peso. O Índice de Massa Corporal (IMC) é internacionalmente usado como forma de determinar se seu peso é saudável. O IMC considera peso e altura e funciona melhor em conjunto com a proporção da medida entre a cintura e os quadris (PCQ). Alguns profissionais consideram sua PCQ mais adequada, pois ela mede a gordura abdominal, a principal responsável por problemas de saúde.

ÍNDICE DE MASSA CORPORAL

Há duas maneiras de descobrir se você está no peso adequado para sua altura. Consulte o quadro de peso e altura (à direita) para ver se você se encontra acima do peso, obesa ou gravemente obesa. Se seu peso está no limite inferior da normalidade, tente mantê-lo e não caia na tentação de atingir a faixa de peso abaixo do normal.

Como calcular o IMC

1. Meça sua altura em metros e eleve ao quadrado (multiplique esse dado por ele mesmo)
2. Divida seu peso em quilos por sua altura ao quadrado.

Por exemplo, o IMC para alguém que pesa 65 quilos e mede 1,70 m é: 65 dividido por (1,70 x 1,70) = 22,5. Este peso está dentro do padrão normal.

O que isso significa?

abaixo de 18,5	abaixo do peso
18,5-25	peso normal
25-30	acima do peso
30-35	obesa
acima de 35	muito obesa

A margem entre 18,5 a 25 é ampla, uma vez que o peso relacionado a uma altura "normal" abrange homens e mulheres e pessoas de diferentes tipos físicos. Um homem geralmente tem um IMC mais alto do que uma mulher com a mesma altura, pois o homem tende a ter mais músculos (os músculos pesam mais do que a gordura). Uma mulher magra, musculosa, terá um IMC mais alto do que uma mulher magra não muito musculosa da mesma altura.

TABELA PESO-ALTURA

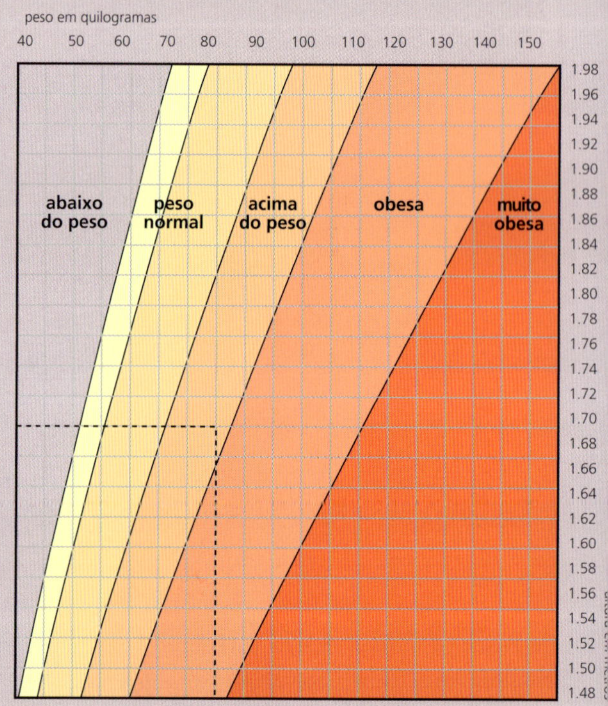

O exemplo mostrado pela linha pontilhada descreve o IMC de uma pessoa que mede 1,70 m e pesa 82 kg. Isso dá um IMC no canto superior da faixa acima do peso.

O IMC É CONFIÁVEL?

Na maioria dos casos o IMC é uma ferramenta muito confiável. Entretanto, há limitações porque não calcula adequadamente o percentual da gordura corporal e dos músculos que estão em seu corpo. Ele não é exato para:

- Atletas ou pessoas muito musculosas
- Crianças e adolescentes
- Mulheres grávidas ou amamentando
- Idosos e pessoas debilitadas

PROPORÇÃO ENTRE CINTURA E QUADRIS

A proporção entre cintura e quadris (PCQ) é usada para determinar o quanto de gordura está depositado em seu corpo. Acredita-se que essa medida seja um método mais confiável para avaliar problemas de saúde do que o cálculo do IMC, pois é possível ter um IMC alto e uma medida normal de cintura, se, por acaso, você for um homem esguio e musculoso.

Você pode descobrir sua PCQ dividindo a medida de sua cintura pela medida de seus quadris. Para as mulheres a proporção não deve estar acima de 0,85; para os homens não deve ultrapassar 0,90. Quanto mais esta proporção ultrapassar os valores de referência, maiores serão os riscos de doenças cardíacas e outros problemas.

Calcule sua PCQ

1. Meça a circunferência de sua cintura. Expire lentamente – não prenda o ar em seu estômago. Não aperte muito a fita métrica.
2. Meça a circunferência de seus quadris pela parte mais larga.
3. Divida a medida de sua cintura pela medida de seus quadris. Por exemplo: A PCQ de uma mulher com uma cintura de 98 cm e quadril de 104 cm é: 89 dividido por 104 = 0,85. Esse é o limite da escala normal.

CIRCUNFERÊNCIA DA CINTURA

Além dos cálculos do IMC e da PCQ, você pode usar a medida da circunferência da cintura para avaliar se você corre ou não o risco de se tornar obesa e de ter as complicações que a obesidade traz. Nas mulheres, uma circunferência de cintura acima de 89 cm demonstra um crescente risco para a saúde. Nos homens, os riscos começam a aumentar a partir de 102 cm.

TUDO SOBRE A GORDURA CORPORAL

A gordura corporal representa uma reserva de energia para o corpo. É formada quando se come em excesso e é convertida outra vez em energia quando necessário. Entretanto, quando ingerimos alimentos em excesso e as calorias ingeridas são maiores do que as calorias gastas, isto fica acumulado como gordura corporal e pode levar à obesidade.

A gordura pode ser subcutânea ou visceral. A gordura subcutânea fica bem abaixo da pele, enquanto a visceral fica armazenada dentro do corpo. É a gordura visceral na região da barriga e sua proximidade com a veia porta – um vaso sanguíneo importante que alimenta o fígado – a responsável pelo aumento do risco de doenças. Essa gordura libera substâncias que podem ser levadas diretamente para o fígado e desencadear uma série de problemas: resistência à insulina e a supressão de leptina, um hormônio que informa ao cérebro que você está saciada (pp. 12-13).

A maior parte da gordura é armazenada abaixo da pele, mas assim como a gordura visceral, há um pouco acima dos rins e dentro do fígado e dos músculos. Os homens são mais propensos a armazenar gordura no peito, abdome e nádegas (formato maçã), enquanto as mulheres acumulam gordura nos seios, cintura, quadris, nádegas e coxas (formato de pêra). Com a queda dos níveis de estrogênio após a menopausa, as mulheres começam também a acumular gordura em torno do abdome.

CAUSAS DO AUMENTO DE MEDIDAS

Ainda que o fator genético tenha um papel importante no aumento de medidas na meia-idade, isso não deve necessariamente fazer parte da vida. Desde a falta de exercícios e desequilíbrio hormonal até o estresse e a poluição, há muitas razões pelas quais você pode acumular gordura em torno do abdome e dos quadris com a chegada da idade. O programa de exercícios e a dieta deste livro impedem esse aumento de medidas, com exercícios e alimentos que equilibram os hormônios e aceleram o metabolismo (pp. 17-19).

Hormônios

Os hormônios diretamente relacionados ao apetite são: a leptina, a insulina e a grelina. Quando trabalham em harmonia eles ajudam a manter o peso corporal saudável, mas fatores como estresse, estilo de vida e alimentação inadequada podem desequilibrá-los e resultar em ganho de peso. Uma dieta saudável com alimentos que auxiliam no equilíbrio de seus hormônios podem ajudá-la a perder peso (pp. 17-18).

- **Leptina** Esse hormônio suprime o apetite. Produzido pelos tecidos gordurosos, ele "viaja" até o hipotálamo, o centro cerebral do apetite que induz à saciedade. Ao mesmo tempo, ele estimula o sistema nervoso, encorajando o corpo a acelerar o metabolismo. Quando os níveis de leptina no sangue e no cérebro caem, o sinal para comer se manifesta novamente.

VOCÊ SABIA?

- A luz natural do sol é um supressor do apetite, pois ajuda a regular os hormônios associados à fome. Você geralmente come menos quando o tempo está quente e ensolarado.
- Durante a perimenopausa e menopausa, a flutuação dos hormônios pode causar rápido ganho de peso e mudar as formas de seu corpo.
- O corpo da mulher é mais propenso ao desequilíbrio hormonal do que o do homem. As mulheres ganham e perdem peso e mantêm peso em certas ocasiões de suas vidas devido a fatores emocionais, culturais, psicológicos e fisiológicos.

- **Grelina** Esse hormônio recentemente descoberto estimula o desejo de comer e controla a sensação de fome. Seus níveis caem quando você come, mas ele também é afetado pelo tipo de alimento ingerido: carboidratos são mais eficientes e a gordura, menos. É provável que você sinta fome, mais rapidamente, após comer comida gordurosa do que alimentos ricos em carboidrato.
- **Insulina** Produzido pelo pâncreas, esse hormônio regula o metabolismo do carboidrato. O nível de insulina aumenta rapidamente depois de comer. A maioria das células tem receptores de insulina – os quais permitem que a glicose (açúcar) seja absorvida pelas células através da corrente sanguínea. Entretanto, a insulina pode se elevar tanto pelo aumento de peso como pela elevação da taxa de açúcar no sangue, que aumenta constantemente em reação ao estresse (veja abaixo). Se a glicose não for consumida, será armazenada como gordura e, além disso, a contínua produção de insulina acaba por tornar seu organismo resistente à insulina. Será então difícil perder peso, e você também aumentará suas chances de desenvolver o diabetes tipo 2 (p. 8).

Estresse

Um dos grandes contribuintes para o aumento da gordura abdominal é o estresse, que afeta as glândulas supra-renais.

Elas estão localizadas próximas aos rins e produzem os hormônios cortisol e adrenalina, liberando-os para dentro da corrente sanguínea. Quando saudáveis, as glândulas supra-renais aumentam os batimentos cardíacos e a pressão sanguínea, liberando depósitos de energia para uso imediato, retardam a digestão e aguçam os sentidos. Sob estresse contínuo, entretanto, elas permanecem em constante alerta.

Os níveis de adrenalina caem tão logo o estresse diminui, mas o cortisol permanece no corpo por muito mais tempo. Esse hormônio envia uma mensagem ao cérebro para reabastecer, acreditando que o corpo usou grandes quantidades de energia. Como conseqüência, você comerá mais do que o necessário e ganhará peso. As células de gordura no abdome são especialmente eficazes para atrair cortisol, que faz que elas liberem gordura na corrente sanguínea e o excesso seja armazenado como uma camada de gordura sob o músculo abdominal. Ao mesmo tempo os alimentos que você geralmente deseja quando está estressada – biscoitos, chocolate, bolos – elevam o açúcar no sangue e conseqüentemente os níveis de insulina. Altos níveis de açúcar e insulina encorajam seu corpo a armazenar gordura e levam à resistência à insulina.

Envelhecimento e menopausa

A partir dos 30 anos de idade, a massa muscular diminui gradativamente a cada ano, e, como os músculos são metabolicamente muito ativos, há um declínio na velocidade média do metabolismo corporal. Há também um declínio no hormônio do crescimento, que contribuiria para evitar o ganho de peso em torno do abdome. A maioria das mulheres acredita que seu peso começa a aumentar particularmente com a chegada da menopausa. Isso ocorre porque a gordura auxilia a produção do estrogênio que fica reduzido durante a menopausa. O corpo tentará manter os níveis de estrogênio altos, retendo a gordura.

Exercícios e metabolismo

Seu metabolismo desacelera com a chegada da idade e você precisa estimulá-lo fazendo exercícios. Criar músculos com um treinamento de resistência é também muito importante, pois os músculos são metabolicamente ativos e continuam a perder calorias mesmo em descanso. Entre os 40 e 50 anos de idade você perde cerca de 0,5 kg de músculos por ano, e as mulheres perdem massa muscular mais rapidamente do que os homens. Atividades físicas também ajudam a controlar a produção dos hormônios causadores do estresse.

Percentual de gordura corporal

A gordura é metabolicamente menos ativa do que os músculos, o que significa que são necessárias menos calorias para mantê-la. É por isso que o percentual de gordura corporal é tão importante no controle do peso: quanto mais alto o percentual de gordura (e menor o percentual de músculos), menos calorias são necessárias para manter o peso e, portanto, mais fácil ganhar peso.

Sono

A falta de sono pode, também, afetar adversamente o apetite, pois os níveis de leptina caem e os de grelina aumentam. A serotonina é outro hormônio afetado pelo sono e estresse, e também influencia no controle de seu apetite.

A serotonina produz a sensação de "sentir-se bem". Quando os níveis desse hormônio estão baixos, a depressão e a apatia estão prontas para se instalar juntamente com o ganho de peso – quanto mais baixa sua taxa de serotonina, mais você come. Níveis baixos de serotonina podem provocar desejos por comida (especialmente por carboidratos refinados), baixos níveis de energia e ingestão compulsiva por comida. As mulheres, têm, naturalmente, menos serotonina em seus cérebros do que os homens.

Poluentes

Todos os dias seu corpo é exposto a poluentes ambientais. Encontrados no ar que você respira, nas embalagens de alimentos e adicionados a sua comida, esses resíduos agrotóxicos e aditivos alimentares são armazenados dentro das células de gordura, comprometendo o equilíbrio natural dos hormônios.

OS PRINCÍPIOS DA DIETA

Para fazer uma dieta de sucesso você precisa saber as necessidades nutricionais básicas de seu corpo: carboidratos, proteínas, gorduras saudáveis, fibras, minerais e vitaminas, consumidos com moderação. Também é preciso entender a importância de manter estáveis os níveis de açúcar no corpo e de controlar o tamanho das porções, assim como os efeitos contraproducentes de contar calorias. A dieta deste livro considera todos esses fatores, oferecendo cardápios nutritivos que a mantém satisfeita enquanto você perde peso.

Carboidratos

Os carboidratos proporcionam a você energia para respirar, crescer, movimentar-se, agir e recuperar-se de esforços físicos. Existem dois tipos de carboidratos: simples e complexos. Os carboidratos simples fornecem açúcar, alguns em forma natural como a frutose, encontrada em frutas e vegetais, outros na forma refinada, que estão presentes em alimentos como bolos e biscoitos. Os carboidratos complexos são derivados de amido e são encontrados em alimentos tais como pães, cereais, massas, arroz e leguminosas. Os carboidratos complexos podem ser mais saudáveis do que os carboidratos simples.

Proteína

A proteína é necessária para o crescimento e a boa disposição, assim como para a regeneração dos músculos e produção de hormônios. A proteína é encontrada em carnes, aves, ovos e peixes, e também nos alimentos de origem vegetal como nozes e leguminosas. É também encontrada nos cereais, no pão, no arroz e nas massas.

Fibras

As fibras são necessárias para o bom funcionamento dos intestinos. São boas fontes de fibra pães integrais e cereais, arroz integral, vegetais crus, frutas com casca e leguminosas.

Vitaminas e minerais

Uma dieta balanceada fornece o que você precisa para suas necessidades diárias. Ao escolher frutas e vegetais orgânicos, você diminui o consumo de agrotóxicos e aditivos químicos. Em certos períodos, como na fase da menopausa, você pode considerar o uso de suplementos de vitaminas e minerais, mas sob supervisão médica.

Gorduras

Peso por peso, as gorduras fornecem duas vezes mais calorias do que os carboidratos ou proteínas. Se você come demais, elas ficam depositadas no tecido adiposo – principalmente em torno do abdome. As gorduras poliinsaturadas e monoinsaturadas têm o mesmo valor calórico das gorduras saturadas, porém, são melhores para sua saúde.

- **Gorduras saturadas** Esse tipo de gordura é em grande parte responsável pelo excesso de peso, níveis elevados de colesterol LDL, endurecimento das artérias, doenças cardíacas, alguns tipos de câncer e derrames. Elas também estimulam a superprodução de estrogênio, o que pode resultar em problemas pré-menstruais e hormonais. Cortar o excesso de gorduras ajudará você a perder peso e manter-se mais saudável. As gorduras saturadas devem ser ingeridas com moderação em alimentos como ovos, carnes vermelhas e queijo.
- **Gorduras poliinsaturadas** As gorduras transportam as vitaminas lipossolúveis A, D e E, ajudam seus hormônios a ficarem equilibrados, reforçam seu sistema imunológico, aceleram o metabolismo, melhoram o humor e as funções cerebrais, mantêm as membranas das células saudáveis e as articulações flexíveis. Encontradas em óleos vegetais como óleo de milho e girassol (o azeite de dendê deve ser evitado). Também são conhecidas como ácidos graxos essenciais (AGEs) do tipo ômega 3 e ômega 6. Você deve consumir uma variedade de AGEs.
- **Ômega 6** (ácido linolênico) É encontrado principalmente em óleos, incluindo girassol e milho, nas nozes e em sementes como as de abóbora e gergelim.
- **Ômega 3** (ácido alfa-linolênico ou ALA) É encontrado somente nos óleos tais como de canola, soja e linhaça (uma fonte especialmente boa), oleaginosas e sementes, folhas verdes, vegetais, grãos integrais e alga marinha.
- **Gorduras monoinsaturadas** Também conhecidas como ômega 9, são encontradas na forma líquida, mas podem solidificar-se a baixas temperaturas. Oferecem os benefícios das gorduras poliinsaturadas, pois abaixam os níveis de colesterol ruim e aumentam os níveis da "boa" lipoproteína de alta densidade, o "bom" colesterol (HDL). Estão relacionadas às baixas taxas de doenças cardíacas e alguns tipos de câncer. O azeite de oliva é a melhor fonte desse tipo de gordura, juntamente com o óleo de canola e o óleo de gergelim, o abacate e as próprias azeitonas.
- **Gorduras trans** São "boas" gorduras vegetais que foram alteradas pelo processamento dos alimentos para melhorar sua durabilidade, sua textura e seu sabor. Freqüentemente rotuladas como gorduras hidrogenadas ou óleos vegetais hidrogenados, são encontradas em bolos, biscoitos, tortas, chocolates e alguns produtos industrializados. Elas são tão prejudiciais à saúde quanto as gorduras saturadas, por isso fique atenta aos rótulos dos alimentos.

ESTRATÉGIAS PARA A REDUÇÃO DE GORDURAS

Não mais do que 30% de sua ingestão diária de calorias devem vir de fontes de gorduras. Um grama de gordura fornece 9 calorias. Dessa forma, numa dieta de 1.500 calorias ao dia, sua ingestão total de gorduras não deve exceder 50 g, sendo que não mais do que 10% desse total deve ser gordura saturada. Aqui estão algumas dicas para a redução de ingestão de gordura:

- **Substitua o leite integral por leite desnatado, semidesnatado ou leite de soja.**
- **Use manteiga e coberturas moderadamente.**
- **Se usar maionese no pão, não adicione manteiga ou outras coberturas.**
- **Prepare os alimentos no vapor, na grelha ou ferva-os, em vez de fritá-los.**
- **Evite alimentos industrializados.**
- **Retire o excesso de gordura das carnes.**
- **Remova a pele das aves.**
- **Limite seu consumo de queijos amarelos e gordurosos.**

CONTAGEM DAS CALORIAS

Todos sabemos que para perder peso temos de ingerir menos calorias e queimar as calorias que comemos (isso é especialmente verdade quando você envelhece e seu metabolismo diminui). Para perder peso significativamente, as mulheres podem consumir diariamente em torno de 1.500 calorias e os homens 2.000 calorias. A média para a manutenção do peso é de 2.000 calorias ao dia para as mulheres e 2.500 para os homens. Entretanto, todas as dietas que oferecem uma rápida perda de peso pelo corte drástico de calorias, podem ser difíceis de manter e fazem que você se sinta deprimida e infeliz.

Alguns alimentos, mesmo que tenham baixa caloria, podem afetar os níveis de açúcar no sangue. Por exemplo: um café da manhã com café, leite desnatado e cereais de baixa caloria é uma refeição que pode emagrecer, mas os alimentos são carboidratos simples, com poucas fibras e proteínas. Uma vez ingeridos, eles irão se decompor prontamente, o açúcar no sangue aumentará drasticamente e cairá rapidamente também, e você logo terá fome e ficará tentada a comer algo. Os cardápios deste livro são formulados com alimentos frescos, benéficos, com altos valores nutricionais e você não sentirá "um buraco no estômago".

CONTROLE DAS PORÇÕES

É fácil comer muito. Se você faz isso, provavelmente se sentirá saciada, mas irá "empilhar" o peso extra. Uma boa dica é verificar se seu prato contém metade de vegetais, um quarto de proteína e um quarto de carboidratos. Uma porção simples deve consistir de:

Arroz ou massa cozidos	Porção do tamanho de um punho fechado.
Carne, peixe ou aves	Porção do tamanho da palma da mão
Oleaginosas	Porção do tamanho da mão em formato de concha bem estreita.
Vegetais crus	125 g
Vegetais cozidos	60-70 g
Frutas	Uma única fruta como banana, maçã, laranja, ou pêra, uma mão fechada de morangos, cerejas ou uvas, 3 ameixas, 4 damascos.

ÍNDICE GLICÊMICO

Quando você come, a comida é convertida em glicose que seu corpo usa como energia. É o hormônio insulina que controla os níveis de glicose, armazenando-a quando os níveis estão muito altos e liberando-a quando estão baixos. Se os níveis de glicose estão muito altos, altos níveis de insulina (p.12) são liberados e o excesso de glicose é rapidamente depositado como gordura. Se você ingere alimentos que aumentam os níveis de glicose rapidamente, você produzirá muita insulina, aumentará os depósitos de gordura e ganhará peso. Poderá também desenvolver uma resistência à insulina. Inversamente, se você escolhe alimentos que aumentam os níveis de glicose lentamente, a produção de insulina tende a ficar sob controle.

O Índice Glicêmico (IG) mostra a você o quão rapidamente um alimento aumenta os níveis de açúcar no sangue. Alimentos que são mais lentamente convertidos em glicose têm um IG baixo, enquanto os que causam um rápido e forte aumento de açúcar no sangue têm um IG alto. Os alimentos que se decompõem rapidamente no organismo – tais como pão branco, arroz e guloseimas açucaradas têm IG mais alto, enquanto alimentos que demoram para ser digeridos – como proteínas ou macarrão, pão e cereais integrais – têm um IG mais baixo.

A teoria das dietas baseadas no IG sustenta que, alimentos com um IG baixo liberam açúcar vagarosamente no sangue, fornecendo um constante suprimento de energia que prolongam a sensação de saciedade, e dessa forma, você fica menos tentada a comer fora de horário. Em contrapartida, alimentos com IG alto causam um rápido, mas breve, aumento dos níveis de açúcar no sangue. Isso deixa você com falta de energia e com fome dentro de um curto período de tempo, o que faz que acabe consumindo outro carboidrato "ruim". São esses altos e baixos que resultam em fome e ganho de peso.

ALIMENTOS QUE COMBATEM O AUMENTO DE PESO NA MEIA-IDADE

Alguns alimentos são especialmente benéficos no combate ao aumento de peso na meia-idade e promovem boa saúde e bem-estar. Os cardápios deste livro são formulados com alimentos que ajudam a controlar os hormônios como cortisol e insulina, que estão associados ao ganho de peso. Os ingredientes usados nas refeições também ajudarão a reduzir os efeitos do estresse e da poluição, e a acelerar seu metabolismo, aumentando a velocidade com que você queima calorias.

REGULE OS HORMÔNIOS

O sistema endócrino do organismo é responsável pela liberação de mensageiros químicos – mais conhecidos como hormônios – para a corrente sanguínea. Infelizmente, seus hormônios podem ser facilmente desequilibrados. Ganhar peso, especialmente em torno do abdome, pode estar ligado à produção de cortisol, por sua vez relacionada ao estresse, ou ainda, pela produção exagerada de insulina, causada pelo excesso de açúcar no sangue. (ver pp. 12-13 maiores informações sobre o papel dos hormônios). Agrotóxicos, aditivos químicos e conservantes, etc., também desequilibram o sistema endócrino do organismo, pois podem desempenhar funções semelhantes à dos hormônios naturais.

Alimentos para equilibrar os hormônios

Um dieta saudável ajuda a equilibrar o sistema endócrino. Por exemplo, o brócolis é uma grande fonte de cromo, um mineral-traço que ajuda o pâncreas a funcionar bem e assim aumentar a eficiência da insulina que, por sua vez, ajuda a regular os níveis de açúcar no sangue. Outros alimentos que você deve consumir são:

- **Carboidratos complexos e integrais** Grãos integrais, pães, arroz, leguminosas, folhas verdes.
- **Vitamina B3** Levedura de cerveja, cereais integrais, peru, frango, peixe, grãos integrais, cogumelos e laticínios magros.
- **Vitamina B6** Carnes e laticínios, bananas, brócolis, feijão, couve-flor, repolho, agrião.
- **Zinco** Carne vermelha, carneiro, fígado, peru, sardinha, caranguejo, ostras, castanha-do-pará, ovos, semente de abóbora, levedura de cerveja.
- **Proteína** Aves, carne vermelha, peixes, ovos, leite, tofu, soja, quinoa.
- **Ácidos graxos ômega 3 e 6** Óleos de vegetais, azeite de oliva, oleaginosas, sementes e peixes de águas profundas.

Alimentos que controlam a produção de insulina

Quando você come carboidratos, seu corpo responde produzindo a insulina. Bons carboidratos (pp. 14-16) são a chave para manter a produção de insulina sob controle e evitar sobrepeso. Eles são encontrados no arroz integral, na aveia, nas sementes, nos cereais integrais, nas leguminosas, e em frutas e vegetais.

Alimentos que controlam os hormônios que causam estresse

O estresse afeta suas glândulas supra-renais, pois muda o comportamento dos hormônios por elas produzidos (pp. 12-13). Esses hormônios são responsáveis por muitos sintomas do estresse como: hipertensão arterial, má digestão, tensão muscular e, evidentemente, aumento de gordura em torno do abdome. Se o estresse persiste por um período de tempo, as glândulas supra-renais podem se esgotar. Alimentos ricos em nutrientes que sustentam as funções das glândulas supra-renais incluem:

- **Aipo** Pode ajudar você a dormir se for ingerido à noite; também pode ajudar a baixar a pressão sanguínea.
- **Arroz integral** Carboidrato complexo que ajuda a liberar serotonina, um neurotransmissor que causa sensação de bem-estar e que melhora o humor e aumenta a energia.
- **Repolho** Repleto de vitaminas antioxidantes A, C e E, betacaroteno e selênio.
- **Sementes de girassol** Ricas em vitaminas B, zinco e potássio, todos altamente consumidos pelo estresse.
- **Frutas vermelhas** Ricas em manganês e vitamina C para melhorar o sistema imunológico.
- **Abacate** Rico em gorduras monoinsaturadas benéficas e minerais que estimulam o metabolismo.
- **Aspargos** Ricos em enzimas que ajudam a regular as mudanças de humor.

- **Sementes de gergelim** Fonte de zinco, são úteis no metabolismo de ácidos graxos e serotonina.

COMBATE À POLUIÇÃO

Os antioxidantes, incluem as vitaminas A, C e E, selênio e fitoquímicos como os carotenóides. Essas substâncias protegem seu organismo contra os efeitos prejudiciais do excesso de radicais livres, causados por: poluição, luz do sol, fumaça de cigarro, radiações, estresse e doenças. O excesso de radicais livres causa dano às células e acredita-se que leve a um risco maior de câncer, doenças cardíacas e artrite. Os antioxidantes em sua dieta ajudam a neutralizar os radicais livres no organismo e impedir seus efeitos nocivos.

- **Frutas e vegetais** Coma uma grande variedade de cores destes alimentos, para fornecer ao seu corpo quantidade suficiente de antioxidantes.
- **Chá-verde** Ajuda a proteger seus órgãos e eliminar toxinas e poluentes.

O PAPEL DO METABOLISMO

A velocidade em que seu corpo queima calorias para manter-se vivo e sempre em funcionamento, mesmo enquanto você está dormindo, é conhecida como taxa do metabolismo e pode ser modulada pelo que comemos e pela atividade física. Estimular o metabolismo para que ele trabalhe mais efetivamente é, então, um fator-chave para perder peso.

Depois dos 30 anos de idade, a velocidade metabólica começa a cair cerca de 1% a cada ano, e, como resultado, pessoas mais idosas que estão seguindo alguma dieta, freqüentemente se queixam de que não conseguem perder peso. Mas seu metabolismo pode ser estimulado — você só precisa saber como e quando.

Como acelerar o metabolismo

Seu metabolismo pode ser definido por 3 aspectos diferentes; o metabolismo basal ou em descanso; o metabolismo das atividades diárias; e o metabolismo térmico ou digestivo. Para acelerar seu metabolismo de forma eficiente, você precisa elevar os 3 aspectos. Para isso você precisa:

- Comer pela manhã para estimular seu metabolismo e comer regularmente durante o dia para prevenir picos na produção de insulina e no metabolismo de carboidratos (pp. 12-13).
- Fazer exercícios para ganhar músculos e estimular o hormônio do crescimento, o que ajuda a elevar o metabolismo basal. Qualquer exercício acelera seu metabolismo.
- Comer alimentos que contenham proteína, fibra, cálcio e temperos para estimular os metabolismos térmico e basal.

Alimentos para acelerar o metabolismo

Certos alimentos requerem mais energia para ser digeridos, então vale a pena incluí-los em sua dieta para ajudar a aumentar a velocidade de seu metabolismo:

- **Carboidratos complexos** Liberam energia gradativamente e aceleram seu metabolismo, pois mantêm os níveis de insulina baixos depois que você come.
- **Cálcio** O leite é um dos melhores alimentos para fornecer cálcio, estimulando seu metabolismo basal. Outros laticínios e folhas verdes são também boas fontes.
- **Proteínas** São digeridas com mais dificuldade, pois o corpo precisa de mais energia para decompô-las, consumindo, portanto, mais coloridas.
- **Óleos com ômega 3** Reduzem os níveis de leptina no corpo, um hormônio diretamente relacionado ao metabolismo e responsável por armazenar ou queimar gordura (p. 12). Baixos níveis de leptina significam que você queima mais gorduras e o ômega 3 reduz os níveis de leptina. Se você realmente não gosta de peixe, ou é vegetariano, precisa saber do seu médico se precisa de um suplemento de ômega.
- **Fibras** Alimentos ricos em fibras aceleram seu metabolismo, pois levam mais tempo para ser digeridos.
- **Capsaicina** Encontrado nas pimentas, aumenta o metabolismo ao acelerar os batimentos cardíacos. O efeito do capsaicina persiste por algumas horas depois de você ter terminado de comer. É uma ótima opção de tempero que você pode adicionar a sua comida.

VOCÊ SABIA?

- **Entre 60 e 80% de suas calorias diárias são queimadas simplesmente quando você não faz nada! Isso ocorre porque mesmo quando você está dormindo (ou só descansando) seu coração está batendo, seus órgãos estão funcionando e seus pulmões estão respirando. Somente 30% das calorias que você consome a cada dia são usadas durante as atividades.**
- **Uma mulher normal queima cerca de 10 calorias para cada 0,5 kg do peso corporal, por dia; um homem normal queima 11 calorias.**

- **Cromo** Esse mineral-traço trabalha com a insulina para metabolizar carboidratos e sua deficiência pode elevar o açúcar no sangue. A adição de um suplemento de cromo a sua dieta ajudará a estabilizar seus níveis de açúcar no sangue. No entanto, a alimentação é prioritária. Boas fontes de cromo são brócolis, peru e suco de uva.
- **Água** A desidratação diminui seu metabolismo térmico – você precisa de água em seu estômago para digerir os alimentos. Tenha como objetivo beber 8 copos ou 2 litros de líquidos por dia. Beber água suficiente pode ser difícil, mas sucos de frutas são uma opção, assim como os chás de ervas.
- **Chá-verde** Esse chá contém um fitoquímico conhecido como ECGC, que de acordo com pesquisadores pode estimular seu metabolismo basal.

PLANEJAMENTO E MOTIVAÇÃO

Você pode ter comprado este livro porque tem uma festa ou um feriado próximo e quer ficar bonita em seu novo vestido ou biquíni. Ou talvez sua saúde não esteja bem e chegou o momento de tomar uma atitude ou ainda, está "baixo-astral" e deprimida. Sejam lá quais forem seus motivos para começar sua dieta, você perceberá que ao segui-la obterá uma grande variedade de benefícios, incluindo o aumento de energia, uma nova forma de pensar e uma atitude livre de culpas em relação à comida – isso, sem mencionar sua nova cintura!

COMPROMETA-SE

Nas 6 semanas iniciais de sua dieta e do programa de exercícios comprometa-se com seu corpo, sua saúde e boa forma.

Encare sua proposta como sendo uma prioridade em sua vida pelas próximas 6 semanas: se você estiver totalmente comprometida com ela, irá se surpreender com a maneira simples com que os outros a aceitarão.

Estabeleça objetivos realistas, escreva-os e deixe-os em um lugar que você possa ver todos os dias como, por exemplo, na porta da geladeira ou perto do telefone. É uma boa idéia definir objetivos a curto e longo prazo, assim você poderá excluir os de curto prazo à medida que são atingidos. Objetivos simples tais como não comer chocolates por 4 dias ou fazer exercícios por 10 minutos todos os dias, podem não parecer muito para outras pessoas, mas eles trarão efeitos positivos e mostrarão a você onde pode chegar.

BOM PLANEJAMENTO

Planejar antecipadamente cada estágio é a chave da motivação e a ajudará a superar os obstáculos. Marque um dia para começar, preferivelmente não numa segunda-feira – psicologicamente no meio da semana é melhor. Evite marcar algum evento social maior ou férias durante as primeiras semanas, o que pode trazer uma pressão adicional, e não aceite convites que possam sabotar seus esforços como, por exemplo, uma ida a um restaurante que não tenha opções de alimentos de baixa calorias.

Esvazie sua geladeira e os armários da cozinha, retirando todos os alimentos que não são bons para você, como pão branco, biscoitos, bolos, salgadinhos, doces, massa branca, arroz branco e molhos muito gordurosos. Não deixe de ter na despensa os itens relacionados em sua lista de compras (p. 26) antes de iniciar o plano, deixando para comprar frutas frescas, vegetais, carnes e peixes à medida que forem necessários.

Se você tiver a intenção de trocar algumas das opções de refeições, faça o planejamento da semana e coloque a lista onde possa ver facilmente. Inclua na lista seus lanches e mantenha-os à mão ou, se necessário, deixe-os já prontos, especialmente se precisar ficar fora o dia todo.

MANTENHA-SE MOTIVADA

Assim como qualquer outra dieta, pode haver ocasiões em que você desanima. Aqui estão algumas dicas para fazê-la continuar:

- Faça uma lista com todas as razões pelas quais você resolveu seguir este livro e coloque-a em algum lugar onde possa vê-la todos os dias.
- Crie algumas recompensas: comemore o encerramento da primeira semana com uma massagem, manicure ou ida ao cinema.
- Estimule seu metabolismo subindo escadas, saltitando e caminhando alguns metros extras. Quanto mais em forma você ficar, mais fácil será seguir a dieta.
- Exercitar-se com uma companhia aumentará seu comprometimento e fará com que você encare tudo mais seriamente.
- Compre uma roupa de ginástica mais atraente para deixar sua sessão de exercícios mais agradável.
- Pense positivamente sobre os exercícios. Se você pensar negativamente, afaste o pensamento com uma afirmação positiva, como: "isso vai reduzir minha cintura".
- Varie os exercícios para torná-los novidade.
- Mapeie seu sucesso, mantendo anotações do que você comeu, quantas vezes se exercitou e quanto peso perdeu. Anote as medidas de tórax, cintura, quadris e cada coxa antes de começar o plano, reavalie a cada quinze dias durante o plano e novamente depois, quando completar o plano.

Todas as vezes que você começar a notar que faltam ingredientes, faça outra lista de compras e mantenha-se fiel a ela. Se preciso, tente comprar pela internet, pois assim você não se sentirá tentada pelos outros alimentos do supermercado.

Planeje seus exercícios aeróbios e de resistência para a semana, escreva num quadro e pregue-o perto de seu planejamento de cardápios. Certifique-se de especificar no quadro e em seu calendário os horários em que pretende exercitar-se – prometa a si mesma que você não vai deixar de fazer nenhum deles. A melhor hora para exercitar-se é pela manhã, pois isso vai estimular seu metabolismo durante o resto do dia. Lembre-se: você pode encaixar em sua agenda 10 minutos extras se você quiser! É uma boa idéia reservar o mesmo horário todos os dias para exercitar-se. Se você organizar uma rotina regular, será mais fácil mantê-la.

Você sempre pode estabelecer objetivos individuais como, por exemplo, adicionar uma sessão de mais 10 minutos a cada dia na última semana. Planeje como irá se recompensar ao atingir seus objetivos, isso a encorajará e ajudará a reconhecer seu sucesso.

Se você realmente não encontrar tempo para se exercitar, talvez por causa de compromissos de trabalho, tente, pelo menos, caminhar mais nesse dia. Estacione seu carro longe do escritório, caminhe pelas lojas ou pelo parque no horário do almoço. Caminhe num ritmo intenso para maximizar os benefícios. Há sempre formas de exercitar-se ainda mais!

MEDIDAS PERFEITAS

A DIETA

COMO FUNCIONA A DIETA

Esta, não é, na verdade, uma dieta de restrições, mas uma mudança positiva em seus hábitos alimentares. Você não tem que contar calorias o tempo todo — simplesmente pode comer um cardápio variado, seguindo as regras sobre o tamanho das porções e ingredientes. Alimentar e nutrir seu corpo adequadamente, e fazer mais exercícios, ajudará a acelerar o metabolismo, estabilizar os níveis de açúcar no sangue e regular os hormônios. Essa é a única forma de perder a gordura do abdome com sucesso.

O QUE DIETA OFERECE?

Ela estabelece o que você deve fazer nos próximos 42 dias. Decida quando quer começar, planeje com antecedência usando a lista de compras na p.26, e siga os cardápios diários. Eles fornecerão a dieta nutritiva e balanceada que você precisa para perder esse excesso de peso.

Para sua conveniência você pode ocasionalmente misturar e combinar as refeições de diferentes maneiras. Por exemplo: você pode querer mudar o jantar do dia 3 pelo do dia 10, ou almoçar no dia 7 a refeição do dia 12, mas não substitua o almoço por um jantar extra ou vice-versa.

Nutra seu corpo

Ao iniciar a dieta você tem que tomar café da manhã, almoçar, jantar e fazer os lanches do cardápio diário. Note que a sobremesa se aplica a uma das duas opções de refeições principais, a menos que estejam especificadas duas sobremesas (nesse caso escolha a sobremesa que acompanha a sua opção). Os cardápios fornecem as quantidades certas de carboidratos, proteínas, gorduras, vitaminas, minerais e fibras para atender sua necessidade diária. Eles também auxiliam na perda de peso na meia-idade (pp. 12-13). Você vai ingerir alimentos que equilibram os hormônios, controlam a produção de insulina e aceleram seu metabolismo.

Horário das refeições

Ao seguir esta dieta, você comerá muitas vezes pequenas porções. Isso ajudará a estabilizar os níveis de açúcar no sangue e prevenir desejos de comer carboidratos e coisas doces. Idealmente, você deve tentar jantar antes das 20h, pois assim seu organismo terá digerido a refeição antes de você ir para a cama, propiciando um sono melhor.

A dieta inclui dois lanches saudáveis diários. Se você sentir fome, escolha outro lanche ou uma fruta leve (elas realmente satisfazem) do cardápio.

Frutas e vegetais

No cardápio há sugestões sobre o tipo de frutas, vegetais, oleaginosas e grãos que você pode comer como lanche ou acompanhamento das refeições. A idéia é dar sugestões variadas, mas você pode sempre criar sua própria lista (veja o texto sobre bons alimentos nas pp.14-19). Se possível, compre alimentos orgânicos e frescos, pois eles são os mais saudáveis – alimentos cultivados com agrotóxicos, além dos aditivos, podem desordenar seu equilíbrio hormonal e seu sistema imunológico.

Não coma mais do que 5 frutas por dia. As frutas contêm seus próprios açúcares que podem acabar afetando os níveis de açúcar no sangue.

Facilite você a vida

É boa idéia não ter à disposição alimentos que não deve comer. Manter biscoitos, bolos e doces em seu armário provocará uma tentação muito mais difícil de resistir.

Se você cuida das refeições de seus familiares, precisará prepará-los para que eles abracem sua causa. Essa dieta não é somente saudável, ela é formulada para ajustar-se a seu estilo de vida e ser compatível com os hábitos de toda a família. Há muitas opções para que você encontre algo que satisfaça a todos.

OBTENHA O MÁXIMO DA DIETA

- Comece o dia com um copo de água para estimular o fígado e limpar as toxinas do corpo.
- Sempre tome café da manhã para acelerar seu metabolismo.
- Tente fazer as sessões de exercícios durante a manhã, pois isso aumentará o ritmo metabólico e ajudará a queimar calorias durante o dia.
- Evite álcool. Reduza a ingestão de chá-preto ou tente chá de ervas.
- Desligue a televisão, ponha os jornais de lado e não olhe para a tela do computador enquanto você está comendo.
- Planeje com antecedência: certifique-se de ter todos os ingredientes do cardápio na despensa e geladeira.
- Não se pese diariamente: uma vez por semana é suficiente. Lembre-se de se pesar sempre no mesmo horário.
- Presenteie-se de vez em quando. Se você tiver seguido a dieta por algumas semanas, permita-se uma gulosiema – mas com moderação.
- Nunca coma tarde da noite – não faz bem para sua digestão e pode interromper seu sono.
- Durma o suficiente – isso a ajuda a queimar gordura.

MANTENHA-SE HIDRATADA

Lembre-se de que pode confundir desidratação com fome. Beba de 6 a 8 copos (1,5 – 2 litros) de água por dia. Seu corpo é 70% líquido. Uma proporção desse líquido é perdida através de suor, urina e respiração, todos os dias, então você precisa repor essa quantidade tomando líquidos em intervalos regulares. Beba água também antes, durante e depois dos exercícios.

LISTA DE COMPRAS

Antes de começar a dieta, é importante planejar tudo. Cada dia é planejado para que você saiba o que está comendo e quando. Se você tem os ingredientes corretos à mão, há menos chances de que coma algo errado. Abaixo, está a lista de alimentos básicos necessários. Compre-os com antecedência e reponha sempre que for preciso. É melhor consumir frutas frescas, vegetais, carnes e peixes em poucos dias, portanto, compre-os à medida que precisar.

CEREAIS
- Aveia (flocos grossos)
- Arroz integral
- Cereal matinal, como musli e granola
- Cevadinha
- Cuscuz marroquino
- Macarrão, panquecas e outras massas (ovos, integral)
- Pães (multigrãos, centeio, integral)
- Pão sírio (integral)
- Quinoa
- Trigo em grão

LEGUMINOSAS
- Ervilhas
- Feijão (preto, branco,fradinho, carioca)
- Grão-de-bico
- Lentilhas
- Tofu

OLEAGINOSAS
- Amêndoas
- Avelãs
- Castanha de caju
- Castanha-do-pará
- Nozes
- Pinhão

SEMENTES
- Abóbora
- Gergelim
- Girassol
- Linhaça

FRUTAS SECAS
- Ameixas
- Banana passa
- Damascos
- Tâmaras
- Uvas passas

LATICÍNIOS
- Creme fresco light
- Iogurte (baixa caloria)
- Manteiga
- Queijo (minas light, cottage, requeijão light, mozarela light, ricota)
- Queijo fresco

BEBIDAS
- Água (filtrada, mineral)
- Chá (verde, ervas)
- Leite (desnatado, semidesnatado)
- Leite de soja
- Sucos de frutas (abacaxi, laranja, romã, tomate, melancia, acerola, maracujá, manga)

BEBIDAS ALCOÓLICAS PARA COZINHA
- Conhaque
- Vodca
- Vinho branco

ÓLEOS
- Canola
- Gergelim
- Girassol
- Oliva

DIVERSOS
- Açúcar (mascavo ou light)
- Alcaparras
- Atum em lata light
- Azeitonas
- Azeite em spray
- Barra de cereais
- Caldos (galinha, peixe, legumes)
- Castanha
- Chocolate amargo
- Coração de alcachofra em lata
- Creme de leite fresco
- Essência de amêndoas
- Ervilhas congeladas
- Farinha (de trigo sarraceno, integral)
- Frutinhas vermelhas congeladas
- Geléia diet
- Homus
- Maionese light
- Mel
- Mirin
- Missô
- Molho de peixe pronto
- Molho de soja
- Mostarda
- Purê de tomate
- Soja em grão
- Sopa de legumes em lata
- Tabasco
- Tahini
- Tomates em lata
- Tomates secos
- Torradas integrais
- Vinagres (balsâmicos)
- Wasabi

TEMPEROS
- Açafrão em fios
- Açafrão em pó
- Anis
- Canela
- Cardamomo
- Cebola
- Coentro
- Coentro em pó
- Cominho em pó
- Cravo
- Erva-doce
- Mostarda de Dijon
- Noz-moscada
- Páprica
- Pimenta da Jamaica
- Pimenta-do-reino
- Pimenta malagueta
- Pimenta chilli
- Sal

ALIMENTOS A SEREM EVITADOS

Estes alimentos podem prejudicar sua dieta e levar ao ganho de peso excessivo, inchaço, celulite, níveis instáveis de açúcar no sangue e fome. Quando você pára de comer esses alimentos, nos primeiros dias poderá sentir dores de cabeça e desejos, porém, persista e logo se sentirá mais disposta, saudável e alerta. Sua pele também melhorará.

- **Pão branco**
- **Massa de farinha refinada**
- **Arroz branco**
- **Cereais refinados**
- **Açúcar**
- **Bolos**
- **Bolinhos**
- **Folhados**
- **Biscoitos**
- **Chocolate**
- **Doces**
- **Sorvetes**
- **Salgadinhos**
- **Gorduras saturadas – evite alimentos fritos ou industrializados**
- **Gorduras trans – evite alimentos em cujo rótulo esteja escrito óleo ou gordura hidrogenada**
- **Comidas prontas**
- **Condimentos artificiais, conservantes e aditivos**
- **Bebidas gaseificadas**
- **Sucos de frutas prontos ricos em açúcar**
- **Álcool**

PLANO DE MANUTENÇÃO DA DIETA

Quando tiver completado 6 semanas de dieta e exercícios, você não somente verá os resultados, mas os sentirá também! Não se preocupe se ainda tiver um pequeno caminho a percorrer antes de seu abdome parecer tão em forma quanto você gostaria que ele estivesse: você já fez muito chegando até aqui, e mantendo-se dentro das regras, atingirá seus objetivos. Você já se esforçou e se comprometeu bastante. Mantenha-se assim, seguindo o plano.

UMA DIETA PARA O RESTO DA VIDA

Se seu peso está como você gostaria que estivesse, tudo o que tem a fazer agora é mantê-lo. Se ainda não está exatamente como quer, simplesmente repita a dieta outra vez.

Você pode usar a dieta como base para manutenção de seu peso ideal em vez de perder ainda mais peso. Comece simplesmente adicionando alguns extras ao café da manhã: por exemplo, aumente a porção de aveia, introduza leite semidesnatado em vez do desnatado ou coma algo extra durante o dia. Você também pode incluir alguma outra receita saudável de que você goste.

Cuidado para não exagerar nos extras, particularmente nos primeiros dias. Você notará que se reintroduzir álcool, por exemplo, vai aumentar rapidamente sua ingestão de calorias e você poderá ganhar peso.

Manter-se em forma significa mudar para o resto da vida. Não será realmente tão difícil quanto você imagina, então acredite em você e aproveite a experiência.

NÃO DESISTA

É muito fácil voltar aos velhos hábitos, por isso lembre-se de que comer saudavelmente é parte de seu novo regime. Felizmente, há muitas maneiras de manter sua nova aparência e um estilo de vida saudável.

- Mantenha um diário e escreva tudo o que você come e bebe. Não trapaceie: a única pessoa que perderá com isso será você.
- Faça refeições regulares e pequenas, saudáveis e coma lanches todos os dias.
- Tome café da manhã todos os dias: você se sentirá mais saudável e menos propensa a consumir calorias extras durante o dia.
- Continue a fazer uma dieta saudável e balanceada.
- Só coma alimentos refinados ocasionalmente.
- Beba muita água diariamente.
- Prepare seu almoço antecipadamente.
- Faça uma lista de compras e siga-a.
- Saia para tomar ar fresco todos os dias, mesmo se for apenas para uma curta caminhada.
- Reserve algum tempo para exercitar-se todos os dias – mesmo apenas 10 minutos, serão benéficos.
- Reduza os níveis de estresse (p. 12).
- Aprenda a respirar adequadamente: isso ajuda a reduzir o estresse, a baixar a pressão sanguínea e favorece a perda de peso.

Dias 1 e 22

CAFÉ DA MANHÃ

1 copo de 150 ml de suco de maracujá

1 pratinho de mingau
Misture 75 g de aveia em flocos grossos e 200 ml de leite desnatado ou de leite de soja.
Use 2 damascos secos picados ou ameixas secas picadas para adoçar.

OU

1 copo de 150 ml de suco de abacaxi

1 prato fundo de frutas exóticas e 2 fatias de pão integral
Use manga fresca, abacaxi ou mamão com umas gotas de suco de laranja e salpique sementes de girassol. Passe uma colher (sopa) de requeijão sobre o pão.

LANCHE DA MANHÃ

1 punhado de uvas brancas ou 1 maçã

ALMOÇO

2 ovos bem cozidos e salada
Tempere os ovos com páprica e prepare uma salada com folhas verdes (rúcula, espinafre, radicchio), 6 tomates cereja e tempere com 1 colher (chá) de azeite de oliva, misturado com suco de limão.

OU

Espetinhos de legumes
Faça 2 espetinhos por pessoa com tofu temperado, cogumelos, pimentões, abobrinha e cebola. Passe um fio de azeite de oliva. Grelhe de 5 a 10 minutos.

Morangos ou 1 pêra

LANCHE DA TARDE

2 torradas, cobertas com 1 colher (chá) de homus

DICA DO DIA

Quando começar a dieta faça um diário. Você pode se surpreender ao perceber que está muito mais saudável e mais alerta e como seu paladar para diferentes alimentos muda ao longo das semanas.

JANTAR

Atum marinado com molho de limão
(veja receita)

OU

6 a 8 nuggets por pessoa com salada vietnamita

Faça uma salada de cenouras fatiadas, cebolinhas, couve, broto de feijão e hortelã picada. Misture com um molho feito com: $^{1}/_{2}$ colher (sopa) de óleo de girassol, vinagre de arroz e molho de soja light e $^{1}/_{2}$ colher (chá) de molho de peixe por pessoa.

Frutinhas vermelhas com iogurte

Para cada pessoa, use de 2 a 3 colheres (sopa) de iogurte natural desnatado sobre 1 punhado de amoras, morangos e framboesas descongeladas.

Atum Marinado com Molho de Limão

Tempo de preparo: 30 minutos, mais o tempo de marinar
Cozimento: 5 minutos
4 porções

- **4 filés de atum de aproximadamente 400 g, no total, com 1,5 cm**
- **3 dentes de alho, picados**
- **1 colher (chá) de sementes de erva-doce bem moídas**
- **2 pimentas chilli pequenas, secas e esfareladas**
- **1 colher (sopa) de azeite de oliva**
- **4 colheres (sopa) de suco de limão**

Molho

- **250 g de tomate bem picado, sem pele e sem sementes**
- **1 cebola roxa bem picada**
- **1 dente de alho amassado**
- **$^{1}/_{2}$ pimenta verde, sem semente, picada**
- **2 colheres (sopa) de suco de limão mais a casca ralada**
- **25g de folhas de coentro picadas**
- **1 pitada de açúcar refinado**

Para guarnecer

- **1 punhado de folhas de agrião, casca ralada de 1 limão**

1 Coloque os filés de atum numa tábua e esfregue metade do alho em um lado do filé. Depois, metade das sementes de erva-doce moídas e uma das pimentas. Vire os filés e repita o processo no outro lado com o alho restante, erva-doce e pimenta restantes.

2 Ponha o peixe numa travessa rasa e tempere-o com azeite de oliva e suco de limão. Cubra e deixe marinar por 1 hora.

3 Enquanto isso prepare o molho. Combine os ingredientes numa tigela e reserve para que os sabores sejam absorvidos.

4 Pré-aqueça uma frigideira ou grelha de churrasco até ficar bem quente e grelhe o atum por 1 a 2 minutos de cada lado. O atum deve ficar rosado no meio, na hora de servir. Se você preferir bem passado, deixe no fogo por mais 2 minutos de cada lado.

5 Sirva o atum quente com o molho guarnecido com folhas de agrião e casca de limão. Para acompanhar o atum, sirva salada de folhas (alface, endívia, agrião).

VALOR NUTRICIONAL

- Carboidratos 5 g
- Gordura 8 g
- Proteína 25 g
- Valor energético 190 kcal

Dias 2 e 23

CAFÉ DA MANHÃ

Milk-shake de manga e banana

Bata a polpa de 1 manga e 1 banana em 150 ml de leite desnatado e adicione gelo picado.

OU

1 copo de 150 ml de suco de laranja

Musli com iogurte

Coloque 2 colheres (sopa) cheias de musli sem açúcar em 150 g de iogurte de frutas de baixa caloria.

LANCHE DA MANHÃ

6 damascos secos ou 3 tâmaras frescas

ALMOÇO

Feijão ao curry
2 porções

Aqueça 2 colheres (chá) de óleo de girassol, adicione 1 colher (chá) de semente de cominho e deixe-os estalar por alguns segundos. Acrescente 1 colher (sopa) de purê de tomate e uma colher (chá) de cada um dos seguintes temperos (gengibre indiano, coentro e cominho) e 2 colheres (chá) de garam masala. Mexa em fogo baixo. Misture 400 g de feijão fradinho cozido, 2 cebolinhas cortadas em rodelas e 2 colheres (sopa) de folhas de coentro picadas. Tempere com pimenta e sirva com arroz integral.

OU

Panquecas
1 porção

Faça o recheio com 25 g de ricota, 1/2 cebola roxa, 1 tomate, 1/4 de pimenta verde e 1 colher (sopa) de coentro, tudo bem picado. Pincele 2 panquecas (massa pronta) com um pouco de azeite de oliva e frite rapidamente os dois lados numa frigideira. Coloque o recheio em cada panqueca e sirva com salada de folhas.

LANCHE DA TARDE

1 barra de cereais light

DICA DO DIA

As leguminosas (vagens como feijão, soja e lentilhas) contêm muita fibra, que ajuda a controlar os níveis de glicose e regular o apetite. Acredita-se que elas também diminuam o colesterol. Outro motivo para comer esses alimentos é o fato de que contêm fitoestogênios, que equilibram baixos níveis de estrogênio, comuns na época da menopausa e uma das grandes causas de ganho de peso.

JANTAR

Frango jamaicano com batata-doce
(veja receita)

OU

Dhal de lentilhas vermelhas
4 porções

Deixe de molho 225 g de lentilhas em água morna. Frite por 3 a 5 minutos: 1 cebola, 2 dentes de alho, 1 cm de gengibre fresco, 2 pimentões vermelhos, tudo picado. Misture com 4 tomates picados e deixe amaciar. Adicione 1/2 colher (chá) de gengibre moído e 1 1/2 colher (chá) de garam masala. Cubra e deixe ferver lentamente por 5 minutos. Coe as lentilhas e adicione 450 ml de água quente e cozinhe por 15 a 20 minutos. Adicione sal, 4 colheres (sopa) de suco de limão e coentro picado. Sirva com arroz integral.

Figos com mel
4 porções

Parta 8 figos frescos, despeje algumas gotas de mel e grelhe por 2 a 3 minutos. Guarneça com salsinha picada e sirva com framboesa e 1 fatia de queijo minas sem gordura (por pessoa).

Frango Jamaicano com Batata-doce

Tempo de preparo: 20 minutos
Cozimento: 35 a 40 minutos
4 porções

4 peitos de frango sem pele, cerca de 500 g no total

Tempero

- **8 a 10 pimentas inglesas amassadas**
- **2 cebolinhas, só a parte verde, fatiadas**
- **4 dentes de alho amassados**
- **1 cm de gengibre fresco, sem casca e ralado**
- **1 pitada de noz-moscada**
- **2 pitadas de canela moída**
- **1 colher (chá) de tomilho**
- **1 a 2 colheres (sopa) de molho de soja**
- **suco de 2 limões**

Batata-doce

- **2 batatas-doces com polpa amarela, cerca de 750 g no total, descascadas**
- **1 colher (sopa) de azeite de oliva**
- **2 colheres (sopa) de salsinha picada**
- **2 colheres (sopa) de cebolinha picada**

1 Prepare o tempero da carne. Pique bem a pimenta inglesa e as cebolinhas. Adicione alho, gengibre, noz-moscada, canela, tomilho e pimenta. Misture bem com molho de soja e suco de limão. Se necessário, adicione um pouco de água.

2 Faça cortes rasos nos peitos de frango dos dois lados e passe-os no tempero. Asse o frango no forno pré-aquecido a 190° C por 30 a 40 minutos até dourar.

3 Enquanto isso coloque as batatas-doces na água para ferver. Cozinhe-as por 8 a 10 minutos até ferver, escorra e deixe esfriar. Tire a casca e corte em pedaços.

4 Aqueça o óleo numa panela antiaderente e frite os pedaços de batata-doce por cerca de 10 minutos até dourar dos dois lados. Salpique com salsinha e cebolinha e sirva com o frango cortado em fatias largas e salada de folhas (rúcula, alface e endívias).

VALOR NUTRICIONAL

- Carboidratos 40 g
- Gordura 7 g
- Proteína 31 g
- Valor energético 343 kcal

Dias 3 e 24

CAFÉ DA MANHÃ

1 copo de 150 ml de suco de vegetais

1 pratinho de mingau
Misture 75 g de aveia em flocos em 200 ml de leite de soja ou leite desnatado, usando uma maçã ralada para adoçar.

OU

1 laranja

1 ovo cozido e 1 fatia de torrada integral com uma camada fina de requeijão light

DICA DO DIA

Sementes de linhaça são ricas em óleos ômega 3 e contêm fitoestrogênios que podem combater fogachos da menopausa e proteger contra o câncer de mama.

LANCHE DA MANHÃ

1 punhado pequeno de oleaginosas e sementes
Escolha entre amêndoas, castanhas-do-pará, nozes, castanhas de caju, sementes de abóbora, girassol ou linhaça.

ALMOÇO

Sopa de agrião
4 porções
Refogue 1 cebola picada até ficar macia. Adicione 100 g de agrião, 600 ml de caldo de legumes, sal e pimenta e 2 colheres (sopa) de arroz integral. Cozinhe em fogo brando até o arroz ficar macio, depois faça um purê.
Mexa em 300 ml de leite semidesnatado e 150 g de iogurte natural desnatado e reaqueça moderadamente. Sirva com 1 fatia de pão de centeio integral.

OU

Omelete e salada
Prepare a omelete com 2 ovos e use salada de folhas (rúcula, espinafre, agrião) e pingue um pouco de suco de limão e azeite de oliva.

LANCHE DA TARDE

Maçã, pêra ou nectarina

JANTAR

Robalo grelhado
(veja receita)

OU

Estrogonofe de cogumelos
4 porções

Refogue 1 cebola cortada em rodelas em 1 e $^1/_2$ colher (sopa) de azeite de oliva até dourar levemente. Adicione 400 g de cogumelos fatiados e 2 dentes de alho bem picados. Cozinhe por 4 minutos, misture com 2 colheres (chá) de páprica e cozinhe por 1 minuto. Adicione 6 colheres (sopa) de vodca. Quando estiver borbulhando, flambe com um fósforo.
Quando as chamas baixarem, mexa em 400 ml de caldo de legumes, uma pitada de casca de noz-moscada moída, canela em pó, sal e pimenta. Cozinhe em fogo brando por 4 minutos. Adicione 150 g de cogumelos shitake e shimeji e cozinhe por 2 minutos. Acrescente 2 colheres (sopa) de creme de leite fresco e mexa.

2 kiwis ou 3 damascos frescos por pessoa

Robalo Grelhado

Tempo de preparo:
15 minutos
Cozimento:
12 a 13 minutos
6 porções

1 colher (sopa) de azeite de oliva
1 cebola bem picada
300 g de tomates cereja cortados ao meio
2 pitadas generosas de açafrão em fios (opcional)
150 ml de vinho branco seco
125 ml de caldo de peixe
casca ralada de 1 limão, o resto cortado em rodelas finas.
12 filés pequenos de robalo de cerca de 100 g cada, lavados em água fria
1 colher (chá) de sementes de erva-doce, sal e pimenta
manjericão ou orégano para guarnecer (opcional)

1 Aqueça o óleo numa frigideira, adicione a cebola e refogue por 5 minutos até ficar macia e levemente dourada. Adicione tomates, açafrão (se usar) vinho e caldo e mexa com a casca do limão e um pouco de sal e pimenta. Deixe ferver por 2 minutos.

2 Despeje a mistura em uma panela de grelhar forrada com papel-manteiga. Adicione as fatias de limão e reserve.

3 Coloque os filés de peixe, com o lado da pele para cima, em cima dos tomates. Use uma colher de chá para fazer furos na pele e salpique com sal e pimenta e sementes de erva-doce.

4 Cozinhe numa grelha pré-aquecida por 5 a 6 minutos, até a pele ficar crocante e a carne do peixe macia quando pressionada com uma faca. Transfira para as tigelas e salpique manjericão e folhas de orégano se gostar. Sirva com legumes verdes cozidos no vapor (vagem, abobrinha, brócolis).

VALOR NUTRICIONAL:

- Carboidratos 4 g
- Gordura 7 g
- Proteína 39 g
- Valor energético 252 kcal

Dias 4 e 25

CAFÉ DA MANHÃ

1 copo de 150 g de suco de maçã

1 pratinho de musli
Misture 75 g de musli em 200 ml de leite desnatado ou leite de soja usando 1 banana fatiada para adoçar.

OU

1 copo de 150 g de suco de maçã ou laranja

Salada de frutas exóticas
Use melão, abacaxi e manga e adicione 2 colheres (sopa) de iogurte natural desnatado.

LANCHE DA MANHÃ

Seleta de legumes com homus
Use um punhado de legumes crus picados (cenoura, pepino, pimentão, aipo, tomate cereja) e 2 colheres (sopa) de homus.

ALMOÇO

Crepe de ricota, salmão defumado e alcachofra (veja receita)

OU

Pão sírio integral com salada de peru
Recheie o pão com tomates, alface, aipo e pepino, cebolinha picada e 3 fatias de peito de peru light, e use 1 colher (sopa) de iogurte natural desnatado como tempero.

Pêra ou maçã

LANCHE DA TARDE

2 torradas cobertas com uma camada fina de tahini ou queijo cottage

DICA DO DIA

Baixos níveis de serotonina são ligados à depressão e ganho de peso. A carne do peru, propicia a produção de serotonina.

JANTAR

Bife apimentado
2 porções

Retire a gordura de 2 contrafilés grossos, cerca de 500 g no total, e esfregue pimenta em grão moída e sal. Misture 200 g de iogurte e 1 dente de alho amassado. Adicione sal e pimenta e misture com salada de folhas e 1 cebola. Frite os bifes em 1 colher (sopa) de azeite de oliva por 2 minutos. Vire e grelhe por 2 a 5 minutos. Sirva com a salada e batatas-doces assadas.

OU

Tofu marinado
2 porções

Ponha para marinar 125 g de fatias de tofu em óleo de gergelim e molho de soja. Torre na frigideira um pouco de sementes de gergelim, coloque num prato e despeje o tofu marinado sobre elas. Grelhe o tofu. Doure rapidamente 1 cm de gengibre fresco, 1 dente de alho, cebolinha e 250 g de repolho branco, tudo picado em 1 colher (sopa) de óleo de girassol. Misture com $^1/_2$ colher (sopa) de vinagre, $^1/_2$ colher (sopa) de molho de soja e sementes de gergelim. Sirva com o tofu.

1 fatia de melão por pessoa

Crepe de Ricota, Salmão Defumado e Alcachofra

Tempo de preparo: 20 minutos
Cozimento: 15 minutos
6 porções

Massa

100 g de farinha de trigo sarraceno
1 ovo
250 g de leite semidesnatado

Recheio

125 g de ricota
2 colheres (sopa) de salsinha picada ou salsinha e manjericão misturados, e folhas extras de manjericão para guarnecer
1 dente de alho pequeno, amassado (opcional)
casca ralada de 1/2 limão e suco de 1 limão
2 colheres (sopa) de óleo de girassol
250 g de salmão defumado, fatiado
400 g de coração de alcachofra em lata e partido em quatro
sal e pimenta

1 Faça a massa: coloque farinha, ovo, um pouquinho do leite e um pouco do sal numa tigela e bata com um garfo até ficar macia. Aos poucos, acrescente o leite restante, sempre batendo.

2 Prepare o recheio. Misture a ricota com as ervas, alho (se usar) e casca ralada do limão e tempere levemente.

3 Aqueça um pouco do óleo numa frigideira antiaderente. Quando estiver quente, despeje o excesso numa tigela pequena a prova de calor. Ponha 3 colheres (sopa) de massa para fazer crepes de cerca de 18 cm de diâmetro. Deixe dourar e desprenda com uma espátula, vire e faça o mesmo do outro lado. Levante o crepe e coloque num prato e mantenha aquecido. Faça mais 5 do mesmo modo, adicionando mais óleo se necessário.

4 Coloque cada crepe no prato de servir, divida o recheio de ricota entre eles e cubra com tiras de salmão defumado e pedaços de $^1/_4$ da alcachofra. Ponha gotas de suco de limão e salpique com pimenta. Enrole os crepes sobre o recheio e guarneça com as ervas picadas restantes.

VALOR NUTRICIONAL

- Carboidratos 19 g
- Gordura 10 g
- Proteína 19 g
- Valor energético 229 kcal

Dias 5 e 26

CAFÉ DA MANHÃ

Milk-shake de morangos e framboesas

Misture 1/2 banana, 3 morangos, 3 framboesas, 1 colher (sopa) de iogurte natural desnatado e 150 g de leite desnatado ou leite de soja.

OU

1 copo de 200 ml de suco de abacaxi

Ovo cozido e uma fatia de pão integral

DICA DO DIA

Mantenha sua geladeira cheia. Isso a ajudará a evitar comer alimentos não saudáveis.

LANCHE DA MANHÃ

1 punhado de uvas brancas ou uma maçã

ALMOÇO

Caldo de missô

Leve à fervura os seguintes ingredientes por 5 minutos: a parte branca de 4 cebolinhas cortadas em fatias finas, 2 cm de gengibre fresco bem picado, 1 fatia de pimenta vermelha, 1,5 litro de caldo de peixe ou de legumes, 3 colheres (sopa) de missô, 2 colheres (sopa) de mirin (vinho japonês para cozinhar), 1 colher (sopa) de molho de soja. Adicione a parte verde das cebolinhas, 100 g de repolho chinês, 2 colheres (sopa) de coentro picado e 150 g de camarões cozidos. Cozinhe até o repolho chinês ficar cozido.

OU

Batata assada pequena com 125 g de queijo cottage ou atum

LANCHE DA TARDE

Grãos-de-bico crocantes assados

2 porções

Misture 150 g de grãos-de-bico em lata, coados e enxaguados, 1 colher (chá) de azeite de oliva e 1 pitada de sal, cominho moído e pimenta-do-reino e coentro em pó. Coloque a mistura numa fôrma e asse em forno pré-aquecido a 200° C, por 10 a 15 minutos até dourar. Deixe esfriar antes de servir.

JANTAR

Peixe cozido espanhol
(veja receita)

OU

Pimentões mediterrâneos
4 porções

Recheie 4 pimentões com 24 tomates cereja cortados ao meio, 2 dentes de alho fatiados, 40 g de alcaparras e folhas de manjericão. Tempere com um fio de azeite de oliva. Coloque um pouco de água na base de um prato, cubra com papel-alumínio e asse em forno pré-aquecido a 180° C, por 20 minutos. Remova o papel-alumínio, abaixe o fogo para 150° C, e asse por 40 minutos. Guarneça com manjericão e sirva com salada de folhas.

Abacaxi grelhado e molho de ameixas
4 porções

Afervente 425 g de ameixas cortadas em pedacinhos, 3 estrelas de anis e 1 pitada de pimenta e de canela em pó em 6 colheres (sopa) de água. Grelhe as fatias de abacaxi até ficarem levemente escuras. Sirva com o molho de ameixas.

Peixe Cozido Espanhol

Tempo de preparo: 30 minutos
Cozimento: 24 minutos
4 porções

- **1 colher (sopa) de azeite de oliva**
- **1 cebola grande, bem picada**
- **2 dentes de alho bem picados**
- **1/2 colher (chá) de páprica picante**
- **500 g de tomates sem pele picados**
- **1 pimentão vermelho, sem o centro, sem sementes e cortado em cubos**
- **200 ml de caldo de peixe**
- **150 ml de vinho branco seco**
- **2 pitadas generosas de açafrão ou cúrcuma**
- **4 folhas pequenas de louro**
- **500 g de mexilhões frescos submersos em água fria**
- **200 g de lulas limpas, enxaguadas em água fria**
- **375 g de bacalhau sem pele (dessalgado)**
- **sal e pimenta**

1 Aqueça o óleo numa caçarola grande, adicione a cebola e refogue por 5 minutos até ficar macia e começar a dourar. Misture com alho e pimentão e cozinhe por 1 minuto.

2 Misture tomates, pimentão vermelho, caldo de peixe, vinho e açafrão. Adicione as folhas de louro, tempere, para pegar o sabor, com sal e pimenta e deixe ferver. Cubra e cozinhe em fogo baixo por 10 minutos. Reserve.

3 Descarte qualquer mexilhão, cuja concha esteja aberta ou rachada. Escove as conchas com uma escova para unhas, remova as cracas e retire os tufos de pêlos. Retorne os mexilhões para uma tigela com água limpa. Separe os anéis da lula dos tentáculos e corte-os. Corte o bacalhau em cubos.

4 Reaqueça o molho de tomate se necessário, adicione o bacalhau e as fatias de lulas e cozinhe por 2 minutos. Adicione os mexilhões, cubra e cozinhe por 4 minutos. Adicione os tentáculos das lulas e cozinhe por 2 minutos até estarem cozidos e os mexilhões estarem abertos. Mexa devagar e coloque em vasilhas para servir.

VALOR NUTRICIONAL

- Carboidratos 11 g
- Gordura 5 g
- Proteína 32 g
- Valor energético 240 kcal

Dias 6 e 27

CAFÉ DA MANHÃ

1 copo de 150 ml de suco de romã

Compota de frutas frescas
Use kiwi, abacaxi, papaia e manga. Cubra com 2 colheres (sopa) de iogurte natural desnatado e salpique sementes de girassol.

OU

1 copo de 150 ml de suco de tomate

Pão sírio saboroso
Cubra o pão com uma colher (sopa) de requeijão light e com 25 g de salmão defumado ou presunto magro.

LANCHE DA MANHÃ

Nectarina ou pêssego

ALMOÇO

Salada de frango à moda Thay
(veja receita)

OU

Salada de grão-de-bico e azeite de oliva
4 porções

Cozinhe em fogo lento 1 lata de 250 g de grãos-de-bico coados, 50 g de azeitonas pretas, 1/2 cebola roxa picada, 150 g de tomates e 3 colheres (sopa) de salsinha picada. Acrescente uma mistura de 1 alho amassado, 100 g de iogurte desnatado, o suco de 1/2 lima, temperado com pimenta. Sirva sobre folhas de agrião.

150 g de iogurte natural desnatado com 1 colher (chá) de mel

LANCHE DA TARDE

1 fatia de pão integral com 1 fatia de queijo light

DICA DO DIA

A romã é rica em vitamina C – um importante antioxidante que auxilia o corpo no combate aos radicais livres, o que pode auxiliar na prevenção do envelhecimento e de doenças crônicas.

Salada de Frango à Moda Thay

Tempo de preparo: 10 minutos
Cozimento: 10 a 20 minutos
4 porções

150 g de peito de frango cozido e desfiado
3 colheres (sopa) de folhas de coentro
150 g de repolho chinês, desfiado

Molho
1 colher (sopa) de óleo de amendoim
1 colher (sopa) de molho de peixe pronto
suco de 1 lima
suco de 1 laranja pequena
1 dente de alho, amassado
3 colheres (sopa) de folhas de manjericão picadas em pedaços grandes
pimenta

Para guarnecer
2 cebolinhas, só as hastes verdes, desfiadas no sentido do comprimento
1 pimenta sem sementes e fatiada na diagonal

1 Faça o molho batendo todos os ingredientes numa tigela com tampa.

2 Acrescente as folhas de coentro ao frango e frite no molho.

3 Coloque no prato de servir o repolho chinês, espalhe frango por cima e sirva gelado, guarnecido com cebolinha e fatias de pimentão vermelho.

VALOR NUTRICIONAL

- Carboidratos 4 g
- Gordura 7 g
- Proteína 16 g
- Valor energético 144 kcal

JANTAR

Salmão grelhado/cozido

Sirva um filé de salmão de 150 g (por pessoa) com vegetais cozidos no vapor.

OU

Macarrão refogado

4 porções

Cozinhe 225 g de macarrão. Refogue em fogo alto 1 cebola e 1 cm de gengibre fresco, tudo picado em 1 colher (chá) de óleo por 2 a 3 minutos. Adicione 200 g de cogumelos picados e cozinhe por 1 a 2 minutos. Adicione 125 g de broto de feijão, 2 pimentões vermelhos fatiados, 1 colher (sopa) de molho de ameixa, 2 colheres (sopa) de molho de soja e 6 cebolinhas. Cozinhe por alguns minutos. Misture com o macarrão.

Bananas assadas

Corte 1 banana (por pessoa) no sentido do comprimento e embrulhe em papel-alumínio acrescentando 1 colher (sopa) de água, $^{1}/_{2}$ colher (sopa) de mel, $^{1}/_{2}$ colher (chá) de suco de limão, 15 g de uvas-passas e uma pitada de canela. Asse num forno pré-aquecido a 200° C, por 10 minutos.

Dias 7 e 28

CAFÉ DA MANHÃ

Suco de cenoura e laranja
Misture 1 cenoura com 200 ml de suco de laranja

1 tigela de musli
Misture com 75 g de musli sem açúcar e 200 ml de leite desnatado ou leite de soja ou 3 colheres (sopa) de iogurte natural desnatado, usando uma maçã ralada para adoçar.

OU

1 copo de 150 g de suco de melancia

2 ovos mexidos e 1 fatia de torrada integral

LANCHE DA MANHÃ

6 damascos ou 3 castanhas-do-pará

ALMOÇO

Salada de trigo sarraceno
2 porções

Ponha o trigo de molho por 30 minutos, coe e esprema para secar. Adicione 4 ameixas fatiadas, 1 dente de alho amassado, 1 cebola roxa bem picada, 1 punhado de salsinha e de hortelã picadas, 2 colheres (sopa) de azeite de oliva e 4 colheres (sopa) de suco de limão. Adicione sal e pimenta e ponha na geladeira por pelo menos 30 minutos. Sirva com 4 colheres (sopa) de iogurte desnatado, misturado com 1 dente de alho amassado, $^1/_2$ colher (chá) de pimenta-malagueta, purê de tomate e cebolinha bem picada.

OU

Pão sírio integral com atum
Recheie um pão sírio com 1 lata de 180 g de atum, misturado com folhas verdes (radicchio, endívia, rúcula) e alguns tomates cereja picados, cebola roxa e salsinha ou coentro. Adicione um pouco de suco de limão, 1 colher (sopa) de iogurte natural desnatado e um pouco de hortelã.

LANCHE DA TARDE

2 pedaços de fruta
Escolha entre maçã, nectarina, tangerina, pêra ou 1 punhado pequeno de uvas.

DICA DO DIA

Se você sair para comer num restaurante, escolha a opção mais saudável. Peça que o molho seja servido à parte e que a salada ou legumes não estejam temperados.

JANTAR

Carneiro com ervas
(veja receita)

OU

Pilaf de lentilhas
4 porções

Refogue 1 dente de alho picado e 1 maço de cebolinha picado em 1 colher (sopa) de azeite de oliva até ficarem macios. Adicione 125 g de lentilhas, 50 g de arroz integral, 50 g de arroz selvagem e 600 ml de caldo de legumes. Deixe ferver e cozinhe em fogo brando até secar todo o caldo. Adicione 1 colher (sopa) de amêndoas e tomilho picados. Sirva com folhas verdes (espinafre, agrião, radicchio).

1 fatia de papaia por pessoa

Carneiro com Ervas

Tempo de preparo: 10 minutos
Cozimento: 15-20 minutos
4 porções

2 colheres (sopa) de hortelã bem picada
1 colher (sopa) de tomilho picado
1 colher (sopa) de orégano
$^1/_2$ colher (sopa) de alecrim
4 colheres (chá) de mostarda em grão
4 paletas de carneiro, cerca de 125 g cada

Feijão branco
2 colheres (chá) de óleo vegetal
1 cebola média picada
250 g de feijão branco cozido ou feijão enlatado coado
1 colher (sopa) de purê de tomate
50 ml de suco de abacaxi
2 colheres (sopa) de suco de limão e algumas gotas de tabasco
pimenta

1 Misture todas as ervas picadas numa tigela, adicione a mostarda e mergulhe a carne na mistura de ervas. Mantenha o carneiro na geladeira até a hora de cozinhar.

2 Prepare o feijão branco. Aqueça o óleo em uma frigideira e refogue a cebola até ficar macia. Adicione o restante dos ingredientes à frigideira e cozinhe por 5 minutos.

3 Pré-aqueça a grelha e quando estiver quente grelhe o carneiro por cerca de 4 minutos de cada lado. O carneiro deve ser cozido, mas conservar a coloração rosada.

4 Sirva o carneiro imediatamente, colocando o feijão branco ao redor e acompanhado dos legumes cozidos (abobrinha, brócolis, repolho, couve-flor).

VALOR NUTRICIONAL

- Carboidratos 14 g
- Gordura 14 g
- Proteína 32 g
- Valor energético 305 kcal

Dias 8 e 29

CAFÉ DA MANHÃ

1 copo de 150 ml de suco de laranja

Salada grande de frutas
Use maçã, pêra, uvas e kiwi. Cubra com 2 colheres (sopa) de iogurte natural desnatado e um pouquinho de sementes de girassol e linhaça.

OU

1 copo de 150 ml de suco de abacaxi com hortelã

1 tigela de cereais integrais
Sirva 75 g de cereal integral em 150 ml de leite desnatado ou leite de soja.

LANCHE DA MANHÃ

Um punhado pequeno de oleaginosas tostadas
Toste amêndoas, castanhas de caju, nozes ou uma mistura delas, por 5 a 7 minutos.

ALMOÇO

Pão sírio integral recheado com 100 g de atum light e 1 colher (sopa) de maionese light e agrião

OU

Rolinhos primavera de legumes vietnamita
(veja receita)

150 g de iogurte de frutas light por pessoa

LANCHE DA TARDE

2 torradas integrais cobertas com 2 colheres (sopa) de queijo cottage sem gordura

DICA DO DIA

As oleaginosas são ricas em óleos essenciais. Repletas de vitaminas e minerais, ajudam a queimar gordura, pois aceleram o metabolismo. O segredo é não comer muito delas.

Rolinho Primavera de Legumes Vietnamita

Tempo de preparo:
30 minutos
Cozimento: 5 minutos
4 porções

200 g de repolho chinês
2 colheres (sopa) de óleo de girassol
100 g de batatas-doces cortadas em tirinhas
100 g de cenoura, cortadas em tirinhas
$^1/_2$ maço de cebolinhas, cortadas em tirinhas
50 g de broto de feijão, lavados e escorridos
2 dentes de alho, bem picados
1 pedaço de 2 cm de gengibre fresco, sem casca e bem picado
50 g ou 8 panquecas de arroz
1 maço de coentro

Molho
4 ameixas vermelhas maduras, cerca de 250 g no total
2 colheres (sopa) de água
1 colher (sopa) de molho de soja
wasabi pronto (tempero japonês de rábano silvestre) para dar sabor
1 colher (sopa) de açúcar refinado

1 Corte as folhas de repolho chinês e fatie em tirinhas finas. Aqueça 1 colher (sopa) de óleo numa frigideira wok, ou frigideira grande, adicione batata-doce e cenoura, refogue por 2 minutos e coloque as cebolinhas e as hastes de repolho chinês e cozinhe por mais 1 minuto. Misture com brotos de feijão, alho, gengibre e cozinhe por mais 1 minuto. Transfira para uma tigela.

2 Aqueça o óleo restante na panela, adicione as folhas de repolho chinês e refogue por 2 a 3 minutos até murchar.

3 Ponha de molho uma panqueca de arroz numa tigela de água quente e deixe por 20 a 30 segundos até ficar macia. Retire e coloque num papel toalha. Cubra com folhas de repolho chinês, $^1/_8$ da mistura dos legumes e 2 hastes de coentro. Dobre a borda da panqueca e enrole firmemente, fazendo o mesmo com as 8 panquecas. Cubra com filme plástico e reserve. Sirva em 1 hora.

4 Enquanto isso prepare o molho. Tire o caroço e pique as ameixas. Coloque numa caçarola pequena com água, tampe e cozinhe por 5 minutos até ficarem macias. Faça um purê de ameixas com o molho de soja e misture wasabi e açúcar para pegar gosto.

5 Guarneça as panquecas com os raminhos restantes do coentro e sirva com pequenas tigelas de molho.

VALOR NUTRICIONAL

- Carboidratos 27 g
- Gordura 6 g
- Proteína 4 g
- Valor energético 176 kcal

JANTAR

Linguado gigante grelhado
4 porções
Pincele 4 filés de linguado, (cerca de 625 g no total), com azeite de oliva, tempere e grelhe. Refogue rapidamente em fogo alto 1 colher (chá) de gengibre espremido e $^1/_4$ de colher (chá) de sementes de erva-doce em 2 colheres (sopa) de azeite de oliva por alguns segundos. Adicione 500 g de flores de brócolis, 3 colheres (sopa) de molho de soja e pimenta, e refogue até cozinhar. Sirva com o peixe.

OU

Cuscuz marroquino suculento
Coloque 200 g de cuscuz no caldo de legumes quente até inchar. Adicione 1 cebola roxa e um pimentão picados e refogados. Pique 10 g de salsinha, 10 g de manjericão, 10 g de hortelã, e acrescente o suco e a casca ralada de 1 lima, 1 pitada de canela em pó, 50 g de damascos secos picados e 25 g de amêndoas tostadas em lâminas. Sirva com salada de folhas.

6 ameixas secas cozidas em fogo brando ou 2 ameixas por pessoa

Dias 9 e 30

CAFÉ DA MANHÃ

Milk-shake de morango e banana
Bata 1 banana e 6 morangos em 200 ml de leite desnatado frio.

OU

1 copo de 150 ml de suco de laranja

1 tigela de mingau
Sirva 75 g de aveia em flocos em 200 ml de leite desnatado ou leite de soja, adicionando 6 morangos picados para adoçar.

LANCHE DA MANHÃ

Seleta de legumes crus com homus
1 punhado de legumes crus picados (cenoura, pepino, pimentão, aipo, tomate cereja e 2 colheres (sopa) de homus.

ALMOÇO

Salada de abacate e 1 fatia de pão de centeio com uma camada fina de tahini
Fatie $^{1}/_{2}$ abacate e disponha sobre uma salada mista (agrião, espinafre, chicória, aipo, tomate cereja, pepino).

OU

Sanduíche de pão integral recheado com uma camada de azeite de oliva
Recheie com frango grelhado, salada de folhas (espinafre, alface, radicchio) e algumas fatias de tomate.

Maçã ou pêra

LANCHE DA TARDE

1 barra de cereais

DICA DO DIA

Abacates são boa fonte de gordura monoinsaturada, conhecida por aumentar os níveis do bom colesterol, associado ao baixo risco de doenças cardiovasculares.

JANTAR

Pimentão assado e pappardelle com nozes
(veja receita)

150 g de iogurte natural desnatado

OU

Frango grelhado
Sirva um peito de frango grelhado de aproximadamente 150 g por pessoa com 125 g de batata-doce assada e uma salada de tomate e cebola.

Creme de morango
Bata 1 banana, 5 morangos e 1 colher (sopa) de iogurte natural desnatado por pessoa. Salpique sementes de girassol.

Pimentão Assado e Pappardelle com Nozes

Tempo de preparo: 10 a 15 minutos
Cozimento: 35 minutos
4 porções

2 colheres (chá) de azeite de oliva
4 pimentões vermelhos, sem o centro, sem sementes e fatiados
3 a 4 dentes de alho grandes, bem picados
60 g de nozes picadas
300 g de pappardelle de ovos
25 g de queijo parmesão ralado
sal e pimenta

1 Use $^1/_2$ colher (chá) de azeite de oliva para untar os pimentões. Ponha-os numa fôrma e asse em forno pré-aquecido a 230° C, por 20 a 25 minutos até ficarem macios e começarem a escurecer.

2 Reserve 4 fatias de pimentão para guarnecer e corte o restante em cubos grandes.

3 Aqueça o resto do azeite de oliva numa frigideira grande em fogo médio-baixo, adicione o alho fatiado, mas não o deixe escurecer. Adicione os pimentões cortados em cubos e misture nas nozes. Mantenha aquecido.

4 Ferva uma caçarola grande com água e um pouco de sal. Adicione a massa, deixe ferver outra vez e cozinhe por 3 a 4 minutos ou até ficar *al dente*. Escorra e transfira para uma tigela grande.

5 Mexa bem a massa na mistura de alho, pimentão e nozes. Salpique queijo parmesão ralado e decore com as tiras de pimentão reservadas.

VALOR NUTRICIONAL

- Carboidratos 63 g
- Gordura 16 g
- Proteína 15 g
- Valor energético 435 kcal

Dias 10 e 31

CAFÉ DA MANHÃ

1 copo de 150 ml de suco de maracujá

2 tomates grandes grelhados em 1 fatia de torrada integral

OU

1 copo de 150 g de suco de abacaxi
2 fatias de pão integral light cobertas com uma camada de 25 g de requeijão light, com 1 fatia de presunto magro e 1 fatia de tomate.

LANCHE DA MANHÃ

2 pedaços de fruta
Escolha entre maçã, pêra, laranja, pêssego ou nectarina.

DICA DO DIA

Tomates são uma fonte rica de vitaminas A e C. Eles também contêm licopênio, um antioxidante que tem sido ligado à redução do risco de câncer de próstata e de mama.

ALMOÇO

Salada de feijão e frango
2 porções

Misture 1 colher (sopa) de suco de limão, 1 colher (chá) de azeite de oliva, 1 pitada de páprica, e 1 pitada de pimenta para fazer o molho. Misture os ingredientes da salada: 50 g de peito de frango cozido e fatiado, 50 g de feijão fradinho cozido, 25 g de grão-de-bico cozidos, 25 g de alho-poró cozido bem picado, 25 g de pimentão vermelho fatiado, 25 g de cogumelos fatiados. Coloque o molho e misture bem. Sirva sobre salada de folhas (espinafre, rúcula, alface).

OU

Salada de tofu e feijão
Faça como a receita acima, substituindo o frango por tofu.

LANCHE DA TARDE

1 punhado pequeno de sementes de abóbora e de girassol

JANTAR

Alcachofras grelhadas e erva-doce
(veja receita)

Sirva com 150 g de filé de salmão ou de atum grelhado e 50 g de arroz integral por pessoa.

OU

Sirva as alcachofras com 125 g de tofu assado e 50 g de arroz integral por pessoa.

Pêra assada com farelo de amêndoas
4 porções

Misture 75 g de farinha integral, 60 g de amêndoas moídas e 75 g de açúcar mascavo. Espalhe em 60 g de manteiga até parecer migalhas finas de pão. Coloque 4 pêras, sem casca, sem o caroço e fatiadas no sentido do comprimento em 4 tigelas refratárias e pingue um pouco do suco de 1 lima. Cubra com o farelo e salpique 2 colheres (sopa) de amêndoas cortadas em lâminas. Asse em forno pré-aquecido a 220° C, por 20 minutos. Sirva quente e cubra com creme de leite fresco, se gostar.

Alcachofras Grelhadas e Erva-doce

Tempo de preparo: 15 minutos
Cozimento: 7 a 8 minutos
6 porções

3 colheres (sopa) de azeite de oliva
3 colheres (chá) de folhas de alecrim bem picadas
200 g de cabeças de erva-doce, hastes separadas e todas as partes grandes cortadas ao meio
400 g de coração de alcachofra em lata, escorrida e cortada ao meio
100 g de queijo de cabra, escorrido e raminhos esfarelados de alecrim para guarnecer

Tempero
casca ralada e suco de 1 limão
2 colheres (chá) de alcaparras, escorridas
4 colheres (chá) de vinagre balsâmico
sal e pimenta

1 Ponha óleo, alecrim picado e um pouco de sal e pimenta num saco plástico. Adicione a erva-doce e corações de alcachofra e agite.

2 Aqueça uma frigideira com sulcos, adicione os vegetais temperados e cozinhe por 3 a 4 minutos até o lado de baixo ficar escuro. Vire-os e cozinhe por 2 minutos. Esfarele o queijo por cima e coloque a panela sob uma grelha pré-aquecida por mais 2 minutos até o queijo ficar quente, mas não derretido.

3 Enquanto isso misture os ingredientes do molho com o óleo restante no saco plástico.

4 Disponha os vegetais num prato e despeje o molho sobre eles. Guarneça com as folhas extras de alecrim retiradas das hastes.

VALOR NUTRICIONAL

- Carboidratos 3 g
- Gordura 9 g
- Proteína 5 g
- Valor energético 109 kcal

Dias 11 e 32

CAFÉ DA MANHÃ

1 copo de 150 ml de suco de mamão com 2 laranjas

1 tigela de cereal integral
Sirva 75 g de cereal integral em 150 ml de leite desnatado ou leite de soja, adicionando 3 damascos secos picados ou ameixas secas para adoçar.

OU

1 copo de 150 g de suco de maçã

2 ovos cozidos e 1 fatia de pão integral coberta com uma camada fina de azeite de oliva

LANCHE DA MANHÃ

2 torradas integrais cobertas com uma camada fina de requeijão light

ALMOÇO

Omelete de legumes
Prepare com 2 ovos e adicione pimentão vermelho picado, cebolinha e abobrinha.

OU

Mix de arroz e legumes
Misture 75 g de arroz integral e arroz selvagem cozidos com 125 g de frango grelhado picado e um pouco de pimentão vermelho picado, cebolinha e milho cozido. Misture o suco de $^{1}/_{2}$ limão, 1 colher (chá) de azeite de oliva e pimenta-do-reino, e despeje sobre o arroz.

LANCHE DA TARDE

Milk-shake de frutas
Bata 1 kiwi, 1 banana fatiada, 2 damascos secos picados, 1 colher (chá) de mel e 250 ml de leite desnatado ou leite de soja. Adicione 2 colheres (sopa) de iogurte natural desnatado.

DICA DO DIA

Deixe preparada na geladeira uma tigela de tomates cereja, fatias de pimentão, aipo, tiras de cenoura e pepino, para quando você precisar beliscar algo.

JANTAR

Frango flambado

4 porções

Refogue 4 peitos de frango de cerca de 150 g cada e 200 g de minicebolinhas cortadas ao meio em 1 colher (sopa) de azeite de oliva até que o frango esteja cozido por dentro. Vire-os e adicione 1 dente de alho picado, 1 maçã cortada em cubos e 75 g de cogumelos fatiados. Mexa bem. Coloque 4 colheres (sopa) de Calvados sobre o frango e flambe com um fósforo. Depois que as chamas baixarem, adicione 250 ml de caldo, 1 colher (chá) de mostarda e tomilho. Tempere e cozinhe por 5 minutos. Sirva com legumes cozidos no vapor.

OU

Macarrão com legumes

4 porções

Refogue 2 pimentões picados, 200 g de ervilha crespa, 200 g de cogumelos fatiados e 200 g de abobrinhas e 150 g de milho em 2 colheres (sopa) de molho de soja e 2 colheres (sopa) de azeite de oliva por 5 minutos. Adicione 625 g de macarrão de trigo sarraceno e frite até ficar pronto.

Melão oriental

(veja receita)

Melão Oriental

Tempo de preparo: 15 minutos, mais tempo de gelar
Cozimento: nenhum
6 porções

2 saquinhos de chá-verde sabor laranja
300 ml de água fervendo
1 melão cantaloupe de polpa amarela, $^{1}/_{2}$ melão de polpa verde
$^{1}/_{2}$ melão de polpa laranja
2 colheres (sopa) de açúcar light
casca ralada e suco de 1 lima

Para decorar
gomos de lima
6 lichias frescas

1 Ponha os saquinhos de chá numa jarra e despeje água fervendo sobre eles. Deixe em infusão por 2 minutos (não mais do que isso, para não ficar amargo). Retire os saquinhos, escorrendo bem. Abra um dos saquinhos, remova algumas folhas do chá e adicione-as à infusão. Deixe esfriar.

2 Corte o melão ao meio e retire as sementes com uma colher. Remova as sementes dos outros melões. Retire a casca com uma faca pequena e corte os melões de polpa amarela e os de polpa verde em fatias longas e finas. Corte os melões de polpa laranja em cubos. Coloque todos os melões preparados num prato fundo e grande.

3 Salpique o açúcar e a casca ralada e o suco de 1 lima sobre os melões e por cima despeje o chá. Cubra com filme plástico e deixe gelar por uma hora, ou durante a noite se preferir.

4 Arrume as fatias longas de melão em forma de leque em pratos individuais. Ponha os cubos de melão ao lado dos leques e sirva com pedaços de lima e 1 lichia parcialmente descascada.

VALOR NUTRICIONAL

- Carboidratos 20 g
- Gordura 0 g
- Proteína 2 g
- Valor energético 83 kcal

Dias 12 e 33

CAFÉ DA MANHÃ

1 copo de 200 g de suco de abacaxi

2 ovos mexidos e 1 fatia de torrada integral com uma camada fina de azeite de oliva

OU

1 copo de 200 ml de suco de acerola

1 tigela de musli
Sirva 75 g de musli sem açúcar em 150 ml de leite desnatado ou leite de soja.

LANCHE DA MANHÃ

1 pêra e 1 punhado pequeno de sementes de abóbora

ALMOÇO

Salada de atum ou queijo minas
Prepare 75 g de atum fresco ou 65 g de atum em lata ou 50 g de queijo minas e salada de folhas (espinafre, agrião, alface), broto de feijão, 5 tomates cereja e coentro fresco e folhas de manjericão. Tempere com um pouco de azeite de oliva e vinagre.

1 barra de cereais

OU

Sanduíche integral de peru
Passe 1 colher (chá) de maionese light em 2 fatias de pão integral e recheie com 150 g de peito de peru magro, alface e fatias de tomate.

Fruta
Escolha entre 2 kiwis, 2 ameixas ou 1 pêra.

LANCHE DA TARDE

1 ameixa fresca e 1 punhado pequeno de amêndoas

JANTAR

Escalopes na pancetta com lentilhas no limão
(veja receita)

OU

Carne de soja com lentilhas no limão
(veja receita)

Substitua os escalopes e a pancetta por carne de soja para preparar uma opçao vegetariana.

150 g de iogurte de frutas sem gordura por pessoa

DICA DO DIA

Enzimas de bromélia estão presentes no abacaxi. Elas possuem um efeito antiinflamatório e melhoram a digestão.

Escalopes na Pancetta com Lentilhas no Limão

Tempo de preparo: 15 minutos
Cozimento: 45 minutos
4 porções

16 escalopes, cerca de 400 g no total, com as ovas retiradas
2 colheres (sopa) de folhas de orégano picadas
200 g de pancetta, cortada em 16 fatias finas

Lentilhas no limão
1 colher (chá) de azeite de oliva
1 cebola picada
6 alhos
225 g de lentilhas lavadas
400 ml de caldo de legumes
400 ml de água quente
4 a 6 colheres (sopa) de suco de limão
pimenta

Para guarnecer
salada de folhas
1 limão, cortado em 4 gomos
15 g de iogurte light salpicado com casca de limão
1 punhado de folhas de orégano

1 Aqueça o azeite de oliva numa panela sobre fogo de médio a baixo. Adicione a cebola e refogue por cerca de 5 minutos, mexendo ocasionalmente, até escurecer. Adicione os alhos inteiros e as lentilhas e cozinhe por 5 minutos.

2 Despeje o caldo de legumes e a medida de água e deixe ferver. Cozinhe lentamente, sem tampar, por 30 minutos até que as lentilhas fiquem macias.

3 Enquanto isso salpique os escalopes com o orégano picado e embrulhe cada um num pedaço de pancetta. Enfie 4 embrulhos de escalope num espeto. Repita a operação com o resto dos escalopes. Grelhe os escalopes numa churrasqueira ou na grelha pré-aquecida por 2 a 3 minutos de cada lado até ficarem dourado-escuros.

4 Descarte os alhos das lentilhas e acrescente suco de limão e pimenta. Sirva escalopes e lentilhas guarnecidos com salada de folhas, 1 gomo de limão e iogurte e salpique com folhas de orégano.

VALOR NUTRICIONAL

- Carboidratos 36 g
- Gordura 16 g
- Proteína 47 g
- Valor energético 467 kcal

Dias 13 e 34

CAFÉ DA MANHÃ

1 copo de 150 ml de suco de tomate

1 tigela de mingau
Sirva 75 g de aveia em flocos em 200 ml de leite desnatado ou leite de soja, usando uma maçã ralada para adoçar.

OU

1 copo de 150 g de suco de laranja

Iogurte crocante
Misture 1 colher (sopa) grande de aveia tostada e 1 colher (sopa) de frutinhas vermelhas misturadas (morangos, framboesas, amoras) em 150 g de iogurte natural desnatado e salpique 2 colheres (sopa) de sementes misturadas (abóbora, gergelim, girassol) por cima.

LANCHE DA MANHÃ

2 torradas integrais com uma camada fina de geléia diet

ALMOÇO

Sanduíche saboroso
Espalhe 25 g de requeijão light em 2 fatias de pão integral light e cubra com 25 g de salmão defumado.

OU

Pão sírio integral com queijo cottage
Recheie um pão sírio com 125 g de queijo cottage, pepino fatiado e cebolinha picada.

Laranja ou manga

LANCHE DA TARDE

1 punhado de oleaginosas torradas
Torre as amêndoas, castanhas de caju ou nozes, ou todas misturadas por 5 a 7 minutos.

DICA DO DIA

Reserve um tempo para comer! Você poderá ter um dia cheio ou precisar sair depressa para algum lugar, mas sentar-se e aproveitar sua comida é importante para o sistema digestivo e a saúde.

JANTAR

Camarões marinados com abobrinha
(veja receita)

OU

Quinoa e arroz
4 porções

Refogue 1 cebola picada em 1 colher (sopa) de azeite de oliva até ficar macia. Adicione 125 g de quinoa e 125 g de arroz integral e 600 ml de caldo de legumes. Tampe e cozinhe em fogo brando até que o caldo tenha sido absorvido e o arroz esteja macio. Adicione sal e pimenta, suco de 1 limão e 1 colher (sopa) de coentro picado.

Abacaxi fresco
1 fatia grossa, de cerca de 150 g por pessoa.

Camarões Marinados com Abobrinha

Tempo de preparo: 30 minutos, mais o tempo de marinar
Cozimento: 5 minutos
4 porções

- **450 g de abobrinhas sem as pontas, fatiadas em tiras finas com descascador de legumes**
- **28 camarões grandes crus, sem casca, mas com o rabo intacto, sem cabeça**
- **1 punhado de salsinha picada para guarnecer**

Marinado

- **1 pitada grande de açafrão ou cúrcuma**
- **8 colheres (sopa) de suco de limão**
- **6 dentes de alho, picados**
- **2 colheres (sopa) de vinagre**
- **4 colheres (sopa) de azeite de oliva**
- **2 colheres (sopa) de alcaparras escorridas**

1 Misture todos os ingredientes marinados, amassando levemente as alcaparras contra as laterais da tigela.

2 Coloque 2/3 da mistura marinada sobre as tiras de abobrinhas numa tigela grande. Deixe marinar por 3 a 4 horas.

3 Prepare os camarões. Segure o rabo de cabeça para baixo e corte cada um no sentido do comprimento. Remova a parte escura do intestino, enxágüe, seque em papel toalha e ponha num prato raso. Você pode pedir a seu peixeiro que os prepare para você. Despeje o restante da mistura marinada sobre os camarões e deixe marinar por 3 a 4 horas.

4 Coloque as abobrinhas numa panela grande com o marinado e ferva em fogo brando por 3 a 5 minutos.

5 Grelhe os camarões por 3 a 4 minutos até ficarem rosados e úmidos, regando-os com o marinado. Não deixe passar do ponto.

6 Para servir, empilhe as abobrinhas no centro de um prato aquecido, cubra com os camarões e guarneça com salsinha picada. Acompanhe com 75 g de arroz integral e brócolis cozidos no vapor com 1 colher (chá) de sementes de gergelim torradas.

VALOR NUTRICIONAL

- Carboidratos 6 g
- Gordura 12 g
- Proteína 12 g
- Valor energético 175 kcal

Dias 14 e 35

CAFÉ DA MANHÃ

1 copo de 150 ml de suco de manga

2 tomates grelhados grandes em 1 fatia de torrada integral

OU

1 copo de 150 g de suco de laranja

Omelete saboroso
Prepare com 2 ovos e pimentão vermelho picado e cogumelos picados.

DICA DO DIA

Ovos são mais eficazes para a formação de músculos do que qualquer outra proteína – e mais músculos significam menos gordura no corpo.

LANCHE DA MANHÃ

Pêra

ALMOÇO

6 sushis vegetarianos

Salada de frutas exóticas
Use kiwi, abacaxi, manga, maracujá e mamão. Guarde uma parte para o lanche da tarde.

OU

Sopa de feijão com legumes
6 porções

Refogue 2 cebolas, os talos de 1 aipo, 1 dente de alho e 550 g de legumes picados (cenoura, ervilha, brócolis), e $^{1}/_{2}$ colher (chá) de sementes de coentro por cerca de 5 minutos. Adicione 200 g de batata-doce picada. Tampe a panela e deixe cozinhar por 3 a 4 minutos até ficarem macios. Adicione 1 litro de caldo de legumes, 400 g de feijão carioca e 2 colheres (sopa) de ervas frescas picadas. Deixe ferver e depois mantenha em fogo brando por 10 a 15 minutos. A sopa pode ser batida antes de servir. Sirva com um pãozinho integral, se quiser.

Pêra, pêssego ou nectarina

LANCHE DA TARDE

Qualquer fruta que tenha sobrado da salada de frutas de seu almoço

OU

1 barra de cereais e 1 fruta
Escolha entre manga ou pêssego ou 6 damascos ou tâmaras secos.

JANTAR

Filé de salmão assado

Tempere 150 g de filé de salmão (por pessoa) com o suco de 1 um limão e pimenta. Embrulhe em papel-alumínio e asse em forno pré-aquecido a 200° C, por 12 a 15 minutos. Sirva com pedaços de batata-doce, brócolis e cenouras.

OU

Macarrão com brócolis, azeitonas e mozarela

4 porções

Cozinhe 500 g de flores de brócolis até ficarem secas e macias. Refogue 1 cebola picada e 1 dente de alho. Adicione 400 g de tomates em lata picados, 1 colher (sopa) de purê de tomate, 125 g de azeitonas pretas sem caroço, o brócolis cozido e 2 colheres (sopa) de tomilho. Cozinhe por 3 minutos e tempere com sal e pimenta. Cozinhe 360 g de macarrão integral, misture no molho e acrescente 125 g de mozarela de búfala light em pedaços. Sirva com uma salada de tomate e manjericão.

Pêssegos assados

(veja receita)

Pêssegos Assados

Tempo de preparo: 15 minutos
Cozimento: 15 minutos
4 porções

2 pêssegos grandes, um pouco verdes, cortados ao meio e sem caroços
açafrão ou cúrcuma
algumas gotas de extrato de amêndoas
30 g de cereal de aveia
2 colheres (sopa) de suco de laranja
8 palitos de canela em pau

Para servir

$^1/_2$ manga um pouco verde, bem picada
1 colher (chá) de chocolate escuro ralado (opcional)

1 Retire um pouco da polpa dos pêssegos cortados ao meio e pique. Ponha os pêssegos, com a casca para baixo, em uma fôrma levemente untada com óleo.

2 Misture a polpa dos pêssegos picada com açafrão, extrato de amêndoas, cereal de aveia e suco de laranja. Coloque a mistura nas metades dos pêssegos.

3 Espete os bastões de canela dentro dos pêssegos. Asse-os sem cobrir no forno pré-aquecido a 180° C, por 15 minutos.

4 Coloque uma metade do pêssego em cada prato de sobremesa. Sirva com fatias de manga e uma pitada de chocolate amargo ralado (se quiser).

VALOR NUTRICIONAL

- Carboidratos 16 g
- Gordura 6 g
- Proteína 3 g
- Valor energético 130 kcal

Dias 15 e 36

CAFÉ DA MANHÃ

Milk-shake de frutas
Bata 65 ml de iogurte natural desnatado e 75 g de morangos, framboesas e amoras. Adicione algumas sementes de abóbora e gelo picado, se desejar.

OU

1 copo de 150 ml de suco de maçã

1 tigela de musli
Sirva 75 g de musli sem açúcar em 200 ml de leite desnatado ou leite de soja, usando 1 banana fatiada para adoçar.

LANCHE DA MANHÃ

1 punhado pequeno de uvas ou 2 torradas integrais com queijo minas e 2 tomates cereja

ALMOÇO

Sopa de couve-flor com queijo
4 porções

Refogue 1 cebola bem picada em 1 e $^1/_2$ colher (sopa) de azeite de oliva até ficar macia. Adicione 750 g de flores de couve-flor, tampe e cozinhe por 5 a 10 minutos. Misture em 600 ml de caldo de legumes e cozinhe em fogo brando até a couve-flor estar macia. Torre levemente algumas sementes de abóbora. Bata a sopa, adicione 40 g de mozarela ralada, sal e pimenta. Reaqueça até o queijo derreter. Guarneça com uma tira de queijo fresco e as sementes torradas de abóbora. Sirva com 1 fatia de pão integral ou de centeio.

OU

Salada de frango e arroz
Misture 4 colheres (sopa) de arroz integral cozido com 1 punhado grande de legumes crus picados (pepino, aipo, pimentão vermelho, tomate, cebolinhas), 125 g de frango grelhado picado. Esprema 1 colher (chá) de suco de limão e tempere com 1 colher (chá) de azeite de oliva.

LANCHE DA TARDE

Seleta de legumes crus com guacamole
Prepare o guacamole amassando 1 abacate no suco de 1 lima e 1 colher (chá) de molho de soja. Para a seleta, use um punhado de legumes crus picados (cenoura, pepino, pimentão, aipo, tomate cereja).

DICA DO DIA

Pense na imagem que você quer ter e mantenha-a em mente – é para isso que você tem trabalhado.

JANTAR

Feijão com carneiro assado
(veja receita)

OU

Camarões flambados
2 porções

Refogue em fogo alto 1 dente de alho picado e 2,5 cm de gengibre fresco, bem picado com 4 cebolinhas picadas e $^1/_2$ colher (chá) de pimenta em pó por 2 minutos. Adicione 100 g de ervilha crespa, cogumelos fatiados e meio pimentão vermelho fatiado e refogue por 4 minutos. Adicione 75 g de couve rasgada, 100 g de broto de feijão, 200 g de camarões grandes cozidos e 1 colher (sopa) de molho de soja light e aqueça.

Morango e iogurte

Para cada pessoa, coloque 2 colheres (sopa) de iogurte natural desnatado sobre 1 punhado de morangos e salpique um pouco de sementes de girassol torradas.

Feijão com Carneiro Assado

Tempo de preparo: 10 minutos, mais o tempo para marinar.
Cozimento: 2 a 2 $^1/_2$ horas
4 porções

4 pernas de carneiro, cerca de 1,25 kg no total, sem a gordura
4 a 5 raminhos de alecrim
2 dentes de alho, bem picados
4 cebolas pequenas cortadas ao meio
3 colheres (sopa) de vinagre balsâmico

Para marinar
1 maço pequeno de tomilho, só as folhas
3 grãos de cardamomo
1 folha de louro
um pouco de açafrão ou cúrcuma
4 colheres (sopa) de suco de limão
sal e pimenta

Feijão temperado
2 colheres (chá) de óleo de canola
$^1/_2$ colher (chá) de sementes de mostarda preta
1 colher (sopa) de purê de tomate
1 pitada de gengibre indiano moído
De $^1/_2$ a $^1/_4$ de pimenta-do-reino
2 latas de 300 g de feijão escorridas
2 colheres (sopa) de coentro picado, mais coentro extra para guarnecer

1 Coloque as pernas em uma fôrma de assar, faça cortes em cada perna e tempere com brotinhos de alecrim e alho fatiado.

2 Misture os ingredientes marinados. Cubra as pernas de carneiro, embrulhe com papel-alumínio e ponha na geladeira por pelo menos 1 hora.

3 Cozinhe o carneiro no forno pré-aquecido a 160° C, por 2 $^1/_2$ horas, regando a cada 45 minutos ou mais até que a carne esteja macia.

4 Enquanto isso prepare o feijão. Aqueça o óleo e cozinhe a mostarda e as sementes de cebola em fogo brando, deixando-as estalar por alguns segundos. Misture no purê de tomate, gengibre indiano e pimenta em pó. Adicione o feijão e algumas colheres (sopa) de água quente. Cubra e cozinhe por alguns minutos. Acrescente as folhas de coentro picadas e retire do fogo.

5 Pré-aqueça a grelha. Coloque as cebolas cortadas ao meio, com os lados cortados para cima num prato resistente ao fogo, despeje o vinagre e cozinhe no forno pré-aquecido por cerca de 20 minutos até ficarem macias.

6 Sirva com feijão temperado e cebolas grelhadas e salpique folhas de coentro picadas. Acompanha legumes verdes cozidos no vapor (repolho, espinafre, escarola).

VALOR NUTRICIONAL

- Carboidratos 10 g
- Gordura 14 g
- Proteína 33 g
- Valor energético 293 kcal

Dias 16 e 37

CAFÉ DA MANHÃ

1 copo de 150 ml de suco de cenoura com beterraba e 200 ml de laranja

Ovo pochê (escaldado) em 1 fatia de pão integral ou de centeio

OU

1 copo de 150 ml de suco de uva light

1 tigela de cereal integral
Sirva 75 g de cereal integral em 150 ml de leite desnatado ou leite de soja.

LANCHE DA MANHÃ

1 pêssego ou 3 ameixas

ALMOÇO

Berinjelas com torradas picantes
(veja receita)

OU

Sanduíche aberto de abacate
Cubra 1 fatia de pão integral com abacate fatiado, tomate temperado com pimenta e um fio de azeite de oliva.

Nectarina ou pêssego e 150 g de iogurte de frutas light por pessoa

LANCHE DA TARDE

1 punhado pequeno de oleaginosas e sementes
Escolha entre castanha-do-pará, amêndoas, sementes de girassol e de abóbora.

DICA DO DIA

Três ou mais poções diárias de grãos integrais podem reduzir em até 30% o risco de doenças no coração, certos tipos de câncer e diabetes tipo 2.

JANTAR

Bacalhau e legumes cozidos

Coloque 150 g de bacalhau e 50 g de pimentão verde, abobrinha, erva-doce, gengibre fresco, alho, alcachofra e batata-doce fatiados, mais 1 cebola picada, em um prato. Regue com 2 colheres (sopa) de azeite de oliva e tempere com sal e pimenta. Asse por 30 minutos no forno pré-aquecido a 180° C.

OU

Tofu e legumes assados

Prepare e cozinhe exatamente como acima, substituindo o bacalhau por tofu.

Maçãs assadas

Salpique sobre 1 maçã cozida, 1 colher (chá) de açúcar mascavo, 1 pitada de canela em pó e algumas uvas-passa. Adicione um pouco de água e asse em forno pré-aquecido a 160° C, por cerca de 1 hora, regando a maçã até ficar marrom-dourada.

Berinjelas Grelhadas com Torradas Picantes

Tempo de preparo: 15 minutos
Cozimento: 10 minutos
4 porções

2 berinjelas, cerca de 550 g no total
2 colheres (chá) de azeite de oliva
50 g de tomates secos
2 dentes de alho amassados
4 colheres (sopa) de suco de limão

Torradas picantes
4 fatias de pão de multigrãos
1 colher (sopa) da infusão de pimenta e óleo

Para guarnecer
4 folhas de manjericão
pimenta

1 Prepare as torradas picantes. Remova as bordas das fatias de pão e corte o miolo em 2 triângulos bem exatos. Pincele cada lado do pão com uma infusão de óleo e pimenta. Ponha numa fôrma de assar.

2 Corte as berinjelas no sentido do comprimento em fatias de 5 mm e tempere com pimenta.

3 Ponha as torradas picantes no forno pré-aquecido a 220° C e asse por 8 a 10 minutos até ficarem crocantes e douradas.

4 Enquanto isso, unte com óleo uma frigideira com sulcos e aqueça. Ponha as fatias de berinjela e tomates secos na panela com o alho e cozinhe por cerca de 4 minutos até começarem a ficar macias. Vire-as e cozinhe por mais 4 minutos. Finalmente, adicione o suco de limão.

5 Retire as torradas picantes do forno e sirva colocando as berinjelas e os tomates. Guarneça com folhas de manjericão e pimenta.

VALOR NUTRICIONAL

- Carboidratos 15 g
- Gordura 6 g
- Proteína 4 g
- Valor energético 122 kcal

Dias 17 e 38

CAFÉ DA MANHÃ

Milk-shake de frutas
Bata $^1/_2$ manga e 1 banana em 150 ml de leite desnatado ou leite de soja e 100 ml de suco de maçã e salpique sementes de abóbora.

OU

1 copo de 150 ml de suco de maçã

1 tigela de mingau
Sirva 75 g de aveia em flocos em 200 ml de leite desnatado ou leite de soja, acrescentando algumas amoras ou framboesas em cima.

LANCHE DA MANHÃ

1 punhado pequeno de uvas brancas ou 1 maçã

ALMOÇO

1 prato de sopa de legumes pronta, de pacote ou congelada e 1 fatia de pão integral ou de centeio

OU

Queijo cottage e sanduíche de ervas
Faça um sanduíche com 2 fatias de pão integral ou de centeio e 50 g de queijo cottage, cebolinhas picadas e ervas frescas (coentro, salsinha, cebolinha).

Maçã

LANCHE DA TARDE

1 barra de cereais

DICA DO DIA

Você está sentindo fome? Pense sobre isso seriamente antes de procurar algo para comer: talvez um copo de água possa ajudar, ou ligue para uma amiga para conversar

JANTAR

Frango temperado e cevadinha
(veja receita)

OU

Chilli vegetariano
4 porções

Refogue 1 cebola picada, 3 dentes de alho amassados e $^{1}/_{2}$ colher (chá) de pimenta em pó em 30 ml de caldo de legumes. Adicione 1 colher (sopa) de purê de tomate e 1 colher (sopa) de páprica e cozinhe por 1 minuto. Adicione 1 lata de 400 g de feijão-fradinho escorrido e 1 lata de 400 g de vagem, mais cenouras, abobrinhas, pimentões, cogumelos e couve-flor fatiados (total, 500 g). Cozinhe em fogo brando até os legumes ficarem macios. Sirva com 1 pão sírio integral por pessoa.

Abacaxi fresco
Use 1 fatia grande, de cerca de 150 g por pessoa.

Frango Temperado e Cevadinha

Tempo de preparo: 45 minutos, mais o tempo de marinar
Cozimento:1 hora
4 porções

1 kg de pedaços de frango com os ossos, sem pele
salsinha picada para guarnecer

Mistura de temperos

1 cebola grande bem picada
2 dentes de alho picados
$^{1}/_{2}$ colher (chá) de cominho moído
$^{1}/_{4}$ de colher (chá) de páprica
de $^{1}/_{4}$ a $^{1}/_{2}$ de colher (chá) de pimenta calabreza
1 a 2 pitadas de açafrão ou cúrcuma
6 colheres (sopa) de coentro bem picado
6 colheres (sopa) de salsinha picada
2 colheres (sopa) de azeite de oliva
2 colheres (sopa) de suco de limão

Cevadinha

1 colher (chá) de óleo vegetal
1 cebola pequena picada
200 g de cevadinha
900 g de caldo de galinha preparado

Raita

150 g de iogurte natural sem gordura
125 g de pepino ralado
1 pitada de cominho em pó

1 Coloque todos os ingredientes do tempero numa tigela Esfregue os temperos na carne do frango. Ponha de lado por pelo menos 2 horas, para que absorva o sabor.

2 Prepare a cevadinha. Aqueça o óleo numa frigideira grande com base pesada e refogue as cebolas até que fiquem macias, mexendo para que não escureçam. Adicione a cevadinha lavada e cozinhe por 2 minutos. Despeje o caldo e deixe cozinhar por 1 hora, mexendo ocasionalmente, até todo o líquido ter sido absorvido e os grãos estarem macios.

3 Enquanto isso asse o frango, sem cobrir, em forno pré-aquecido a 190° C, por 30 a 40 minutos.

4 Faça a raita: misture iogurte e pepino ralado e salpique um pouco de cominho.

5 Quando o frango e a cevadinha estiverem cozidos, guarneça o frango com salsinha picada e sirva imediatamente com a cevada e a raita. Acompanhe com salada de folhas (endívia, rúcula, alface).

VALOR NUTRICIONAL

- Carboidratos 52 g
- Gordura 13 g
- Proteína 30 g
- Valor energético 428 kcal

Dias 18 e 39

CAFÉ DA MANHÃ

1 copo pequeno de suco de melancia

1 tigela de musli
Misture 75 g de musli em 150 ml de leite desnatado ou leite de soja e adicione um punhado de framboesas descongeladas ou morangos.

OU

1 copo de 150 g de suco de abacaxi

Omelete de presunto e cogumelos
Faça com 2 ovos, alguns cogumelos e 25 g de presunto magro picado (aproximadamente 2 fatias).

LANCHE DA MANHÃ

Maçã ou banana

ALMOÇO

Legumes assados picantes
(veja receita)

OU

Queijo cottage e salada

Tempere 125 g de queijo cottage com páprica doce e sirva com salada de folhas (rúcula, espinafre, radicchio). Acrescente 6 tomates cereja e tempere com 1 colher (chá) de azeite de oliva misturado com suco de limão.

LANCHE DA TARDE

2 torradas integrais com 1 colher (sopa) de tahine

DICA DO DIA

Frutinhas vermelhas são ricas em fibras que saciam a fome por mais tempo. Elas também contêm antioxidantes que ajudam a prevenir o câncer.

JANTAR

Frango assado no gengibre

4 porções

Coloque 4 peitos de frango de 150 g cada, sem pele para marinar, de um dia para outro, em 1 cm de gengibre fresco, 1 dente de alho amassado, 2 fatias de limão picadas, 3 colheres (sopa) de molho de soja e 4 colheres (sopa) de suco de maçã sem açúcar. Cubra com papel-alumínio e asse no forno pré-aquecido a 200° C, por 30 a 40 minutos. Sirva com espinafre e batatas fervidos.

OU

Tofu com legumes

4 porções

Pique 375 g de abobrinha e 250 g de berinjela, corte ao meio 225 g de tomates, corte em quatro 1 pimentão vermelho, 1 pimentão amarelo e 1 cebola, e tempere com 5 colheres (sopa) de azeite de oliva, sal e pimenta, mais 6 dentes de alho. Asse no forno pré-aquecido a 200° C, por 45 minutos. Sirva com 125 g de tofu assado por pessoa.

1 maçã ou pêra por pessoa

Legumes Assados Picantes

Tempo de preparo: 15 minutos
Cozimento: 35 a 40 minutos
6 porções

1 colher (chá) de sementes de erva-doce
1 colher (chá) de sementes de cominho
1 colher (chá) de coentro
$^1/_2$ colher (chá) de gengibre
$^1/_2$ colher (chá) de páprica
2 dentes de alho picados
3 colheres (sopa) de azeite de oliva
500 g de noz-manteiga, amassada, sem pele, sem sementes, cortada ao meio e em fatias largas
4 mandioquinhas, cerca de 425 g no total, cortadas em quatro
3 cenouras, cerca de 300 g no total, cortadas em tiras largas
sal e pimenta

1 Amasse as sementes usando um pilão ou use a parte final de um pau de macarrão. Transfira para um saco plástico grande e adicione gengibre indiano, páprica, alho, óleo, sal e pimenta. Aperte o saco plástico para misturar o conteúdo.

2 Adicione os legumes ao saco plástico, segure as pontas para mantê-lo fechado e chacoalhe até que os legumes estejam cobertos pelos temperos.

3 Despeje os legumes numa assadeira e asse em forno pré-aquecido a 200° C, por 30 a 40 minutos, virando uma vez até ficarem escuros e macios. Transfira para a travessa.

VALOR NUTRICIONAL

- Carboidratos 20 g
- Gordura 7 g
- Proteína 3 g
- Valor energético 147 kcal

Dias 19 e 40

CAFÉ DA MANHÃ

1 copo pequeno de suco de acerola ou kiwi

1 tigela de mingau
Sirva 75 g de aveia em flocos em 200 ml de leite desnatado ou leite de soja.

OU

1 copo de 150 ml de suco de maçã

ovo pochê (escaldado) em 1 fatia de pão integral

DICA DO DIA

Se você estiver trabalhando, prepare seu almoço na noite anterior e leve-o com você.

LANCHE DA MANHÃ

Laranja ou pêra

ALMOÇO

Salada de abacate com sementes de girassol

Disponhas fatias de abacate e sementes de girassol sobre folhas de salada (radicchio, alface, agrião) e acrescente 6 tomates cereja e pepino fatiado. Tempere com 1 colher (chá) de azeite de oliva, 1 colher (chá) de vinagre de vinho branco e 1 colher (chá) de suco de limão por pessoa.

OU

Crepe de camarão
Recheie 1 disco de crepe com 75 g de camarões (ou frango), tomates picados, pepino e pimentão vermelho, misturados com 2 colheres (sopa) de iogurte natural desnatado, um pouquinho de suco de limão e pimenta calabreza (opcional). (Substitua o crepe por 2 fatias de pão integral, se preferir).

1 tigela pequena de morangos

LANCHE DA TARDE

1 punhado pequeno de oleaginosas misturadas
Escolha entre nozes, castanhas-do-pará ou pinhões.

JANTAR

Tamboril com aspargos

4 porções

Misture 2 dentes de alho amassados, 1 colher (chá) de gengibre fresco ralado, 2 colheres (sopa) de molho de soja e 1/4 de colher (chá) de vinagre de arroz e despeje sobre 600 g de rabo de tamboril sem osso cortado em cubos. Cubra o prato. Tempere 200 g de aspargos com azeite de oliva. Asse o peixe e os aspargos em forno pré-aquecido a 200° C, por 15 a 20 minutos. Sirva com folhas verdes.

OU

Feijão e queijo de cabra grelhado

4 porções

Refogue 2 ou 3 dentes de alho e 1 cebola picados em 1 colher (sopa) de azeite de oliva. Adicione 3 tomates picados, 1 lata de 400 g de feijão-fradinho escorrido, 1 lata de 400 g de feijão carioca, 25 g de azeitonas pretas e 1 colher (sopa) de molho de soja e suco de limão. Cozinhe por 4 a 5 minutos. Adicione 100 g de queijo de cabra e tempere com ervas frescas e pimenta.

Angel cakes de amêndoas

(veja receita)

Angel Cakes de Amêndoas

Tempo de preparo: 15 minutos
Cozimento: 10 a 15 minutos
6 porções

4 claras
1 1/2 colher (sopa) de açúcar refinado
50 g de amêndoas moídas salpicadas no cremor tártaro
15 g de amêndoas em lâminas
400 g de frutinhas vermelhas congeladas
200 g de queijo fresco

1 Unte levemente com óleo 6 divisões de uma fôrma funda para muffin (bolinhos doces) e forre as bases com círculos de papel-manteiga.

2 Bata as claras até ficarem firmes, formando picos. Bata as claras com açúcar, 1 colher (chá) cheia por vez e continue a bater por 1 minuto ou 2 até a mistura ficar grossa e brilhosa.

3 Acrescente as amêndoas moídas e o cremor tártaro e coloque a mistura na fôrma de muffin. Salpique as amêndoas cortadas em lâminas por cima.

4 Asse em forno pré-aquecido a 180° C, por 10 a 12 minutos até dourar e deixe descansar por alguns minutos. Desprenda as laterais dos bolinhos com uma faca e retire-os, deixando esfriar.

5 Aqueça as frutas numa caçarola. Arrume os angel cakes no prato, adicione uma colher cheia de queijo fresco em cada um e disponha as frutas ao redor.

VALOR NUTRICIONAL

- Carboidratos 8 g
- Gordura 9 g
- Proteína 7 g
- Valor energético 140 kcal

Dias 20 e 41

CAFÉ DA MANHÃ

1 copo de 150 ml de suco de manga e maçã

2 tomates grandes grelhados em 1 fatia de torrada integral com uma camada fina de azeite de oliva

OU

1 copo de 200 ml de suco de lima ou limão

Iogurte crocante
Misture 1 colher (sopa) de aveia em flocos grandes e frutinhas vermelhas misturadas (morangos, framboesas, amoras) em 150 g de iogurte natural sem gordura e salpique sementes de girassol e gergelim por cima.

LANCHE DA MANHÃ

1 pêssego ou nectarina e 3 damascos frescos ou secos

ALMOÇO

Salada quente de fígado de frango
(veja receita)

OU

Salada de arroz
4 porções

Misture o suco de 1 limão, 1 dente de alho amassado, 1 colher (sopa) de azeite de oliva, sal e pimenta. Em 50 g de arroz integral e 50 g de alpiste cozidos, misture os seguintes ingredientes: 1 maço de cebolinhas picadas, 2 pimentões cortados em pedaços, 2 tomates grandes picados, $^1/_2$ pepino picado, 50 g de oleaginosas picadas (nozes, amêndoas, castanhas-do-pará). Despeje o tempero sobre a mistura. Leve à geladeira para gelar.

LANCHE DA TARDE

1 fatia de pão integral torrada coberta com 2 colheres (sopa) de queijo cottage

DICA DO DIA

A aveia é um cereal que libera energia vagarosamente, o que sacia a fome por mais tempo. Ela também ajuda a estabilizar o açúcar no sangue, desencorajando pequenos lanches.

Truta assada
4 porções
Tempere 1 filé de truta (600 g) com endro e cebolinhas picados, limão, sal e pimenta. Cubra com papel-alumínio e asse em forno pré-aquecido a 200° C, por 15 a 20 minutos. Guarneça com pinholes torrados e fatias de laranja e sirva com abobrinhas, espinafre e cenouras.

OU

Penne com legumes
4 porções
Refogue 1 cebola e 1 dente de alho picados em 2 colheres (sopa) de azeite de oliva. Adicione 1 lata de 200 g de tomates, 1 colher (sopa) de purê de tomate, 1 colher (sopa) de suco de limão, sal e pimenta. Cozinhe em fogo brando por 10 a 15 minutos. Acrescente 100 g de espinafre rasgado, 100 g de abobrinha fatiada, 50 g de milho em conserva e 2 colheres (sopa) de ervas frescas. Cozinhe em fogo brando por 2 minutos. Sirva com 360 g de macarrão integral.

Bananas assadas
(receita p. 39)

Salada Quente de Fígado de Frango

Tempo de preparo: 5 minutos, mais o tempo de ficar de molho
Cozimento: 5 minutos
4 porções

400 g de fígado de frango aparados e cortados ao meio
60 ml de leite
2 colheres (sopa) de tomilho picado
1 colher (sopa) de azeite de oliva
2 dentes de alho amassados
1 pimenta vermelha cortada em fatias bem finas (opcional)
1 lata de 200 g de castanhas portuguesas, escorridas e cortadas ao meio

Para servir
200 g de folhas separadas de chicória
De 1 $^1/_2$ a 2 colheres (sopa) de vinagre balsâmico

1 Deixe os fígados de molho no leite por 30 minutos para retirar o amargo. Descarte o leite e seque os fígados em papel toalha. Salpique tomilho em ambos os lados da carne.

2 Aqueça o óleo numa frigideira grande e adicione o alho e pimenta picada (se usar). Deixe o alho e a pimenta amaciarem por 30 segundos e adicione os fígados de frango e castanhas portuguesas.

3 Frite em fogo médio por 3 a 4 minutos, até o fígado dourar por fora, mas permanecer rosado no meio.

4 Sirva sobre chicória crua crocante, temperada com vinagre balsâmico e todo o líquido que ficou na panela.

VALOR NUTRICIONAL

- Carboidratos 9 g
- Gordura 10 g
- Proteína 21 g
- Valor energético 199 kcal

Dias 21 e 42

CAFÉ DA MANHÃ

Milk-shake de banana
Bata 1 banana, 150 ml de leite desnatado e 150 g de iogurte natural desnatado e salpique sementes de girassol.

OU

1 copo de 150 ml de suco de laranja

1 tigela de mingau
Sirva 75 g de aveia em flocos em 200 ml de leite desnatado ou leite de soja, salpicado com sementes de linhaça.

LANCHE DA MANHÃ

Maçã ou pêra

ALMOÇO

Omelete saborosa
Prepare com 2 ovos, cogumelos picados, pimentão vermelho e cebola e sirva com salada de folhas (agrião, rúcula, alface).

OU

Salada de atum
Escorra 1 lata de 185 g de atum e misture com 1 colher (chá) de azeite de oliva, suco de $^{1}/_{2}$ limão e cebolinhas picadas. Sirva o atum sobre uma salada de folhas (endívia, alface, espinafre) com 6 tomates cereja.

LANCHE DA TARDE

1 punhado de uvas ou 2 ameixas

DICA DO DIA

O sabor picante dos pimentões – a capsaicina – acelera o metabolismo, e ajuda a queimar gordura.

JANTAR

Pacotes de linguado
(veja receita)

OU

Bife e arroz misto
Refogue 1 cebola picada em 1 colher (sopa) de azeite de oliva até dourar. Adicione 200 g de arroz selvagem e 500 ml de caldo de legumes e cozinhe em fogo brando até o caldo ser absorvido. Enquanto isso grelhe 150 g de bife, por pessoa. Sirva com o arroz e com legumes cozidos no vapor.

Sorvete de manga
6 porções
Ferva 50 g de açúcar light em 220 ml de água até dissolvê-lo. Deixe esfriar. Faça um purê com a polpa de 1 manga e misture com o suco de 500 g de laranja-lima. Ponha no freezer num recipiente plástico por 2 a 3 horas até ficar semicongelado. Bata bem, depois congele outra vez. Acrescente 1 clara de ovo e congele até ficar sólido. Fatie 1 manga e misture com a casca ralada e o suco de 1 lima. Deixe o sorvete amaciar em temperatura ambiente por 15 minutos e sirva com as fatias de manga.

Pacotes de Linguado

Tempo de preparo: 30 minutos
Cozimento: 10 minutos
4 porções

O bulbo de 1 erva-doce de cerca de 360 g
2 pimentas vermelhas, sem sementes e picadas
4 colheres (sopa) de suco de limão
2 colheres (chá) de azeite de oliva
4 filés de linguado, cerca de 650 g no total
1 punhado pequeno de endro picado
$^1/_2$ limão cortado em gomos para guarnecer

Salada de radicchio e laranja
200 g de folhas de radicchio
2 laranjas grandes, sem pele e sem caroço, separadas em gomos

1 Corte o bulbo da erva-doce bem picada e coloque numa tigela pimentas picadas. Adicione suco de limão e azeite de oliva e reserve.

2 Corte 4 folhas de papel para assar no tamanho de 35 x 18 cm e dobre-as ao meio no sentido do comprimento. Estenda $^1/_2$ folha sobre um prato e arrume um filé do peixe em um dos lados da dobra. Salpique um pouco de endro picado e dobre o papel para embrulhar o recheio. Dobre as pontas para segurar. Repita o procedimento com o peixe restante.

3 Coloque o pacote de peixe numa fôrma para assar em forno pré-aquecido a 220° C, por cerca de 8 minutos ou até o papel inflar e escurecer.

4 Prepare uma salada misturando o radicchio com gomos de laranja.

5 Coloque cada pacote de peixe num prato grande e faça cortes em forma de X em cima e enrole para baixo ou retire o papel pelos lados para abrir, liberando um vapor aromático. Sirva em tigelas individuais com uma mistura de erva-doce e pimenta e salada de radicchio e laranja. Guarneça com o limão.

VALOR NUTRICIONAL

- Carboidratos 13 g
- Gordura 6 g
- Proteína 32 g
- Valor energético 234 kcal

MEDIDAS PERFEITAS

O PROGRAMA DE EXERCÍCIOS

COMO FUNCIONA O PROGRAMA DE EXERCÍCIOS

Este programa fará você perder peso e se sentir mais saudável e com mais energia. Ao mesmo tempo, você pode deixar seu abdome mais enxuto e tonificado e modelar seus quadris, pernas e nádegas. A combinação de exercícios tonificantes e aeróbios não apenas dará a você uma nova forma, como também vai ajudá-la a atingir mais autoconfiança e bem-estar.

O QUE O PROGRAMA FARÁ POR MIM?

Exercícios trazem muitos benefícios. Não somente fazem você se sentir mais saudável e menos estressada, como também farão com que você pareça e se sinta ótima, além de ajudá-la a perder peso, pois estimulam o metabolismo, fazendo com que seu corpo queime mais gordura por mais tempo. Algumas pessoas acham que são ocupadas demais para assumir um compromisso regular com os exercícios, ou que estão muito fora de forma para começar. Este programa mostra como é fácil incluir uma rotina regular de exercícios em sua vida, com sessões curtas, porém, eficazes, que se ajustam a seu dia-a-dia sem tomar muito de seu tempo.

O programa combina exercícios tonificantes especificamente voltados para os músculos do abdome, dos quadris, das coxas e dos glúteos com "intervalos" de sessões de exercícios aeróbios, voltados para o coração e os pulmões, ajudando você a construir músculos e estamina e a queimar gordura. É essa combinação de exercícios aeróbios e tonificantes que farão com que você consiga uma silhueta mais delgada e retilínea, e é por isso que você deve seguir o programa – portanto, não se esqueça de fazer no mínimo, uma sessão de aeróbia por semana.

QUEM DEVE FAZER?

O programa de exercícios é adequado para qualquer pessoa, desde os iniciantes até os que já fazem exercícios regularmente. Ele pode ser ajustado a suas necessidades individuais, contanto que você atinja o nível mínimo de atividades físicas. Uma vez que você tenha começado a exercitar-se, logo notará os benefícios. Quanto mais exercícios fizer, mais energia conseguirá e mais terá vontade de fazer. Ao praticar o programa de exercícios regularmente, você será capaz de manter, no futuro, uma quantidade de gordura corporal mais saudável.

QUANTO DEVO FAZER?

Para conseguir benefícios reais com o programa de exercícios, você deverá praticar os exercícios tonificantes por 10 minutos (sem contar os exercícios de aquecimento e de relaxamento) 3 vezes por dia, 5 vezes por semana, junto com uma sessão de 20 minutos de exercícios aeróbios semanais. Se você acha que é demais, comece com somente 10 minutos de exercícios por dia, 5 dias por semana junto com os 20 minutos de exercício aeróbios, mas lembre-se de que os resultados aparecerão mais lentamente. Depois você poderá aumentar a freqüência e duração dos exercícios e das sessões de aeróbia até atingir o total de 30 minutos, 5 vezes por semana e 2 ou mais sessões de exercícios aeróbios. Você poderá descansar 2 dias por semana, o que não impede uma caminhada vigorosa ou uma sessão de natação nesses dias.

EXERCÍCIOS AERÓBIOS

- Caminhada rápida
- Trote
- Pular corda
- Step
- Dança
- Natação
- Bicicleta
- Remo
- Bola ao cesto
- Tênis
- Squash
- Hockey
- Basquete
- Patinação

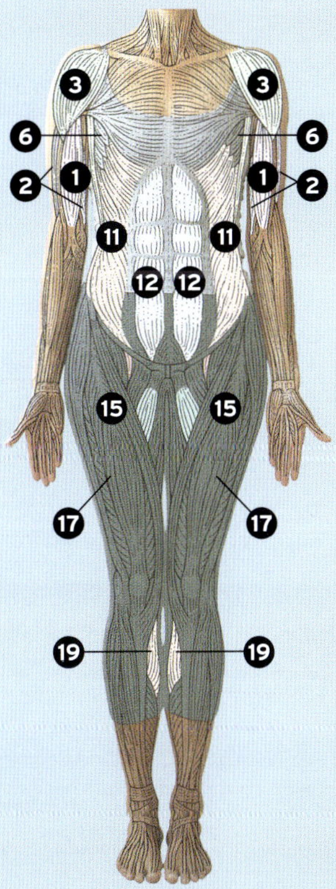

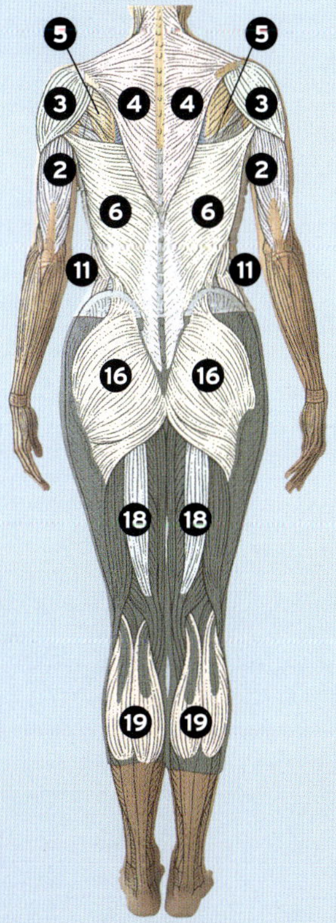

MÚSCULOS IMPORTANTES

1. **Bíceps** - na frente do braço, é usado para movimentar o braço.

2. Tríceps - atrás do braço, é usado para movimentar o braço.

3. **Deltóide** - circunda os ombros e braços, é usado para movimentar os braços para a frente e para trás.

4. **Trapézio** - desce da parte de trás do pescoço até os ombros, usado para estender a cabeça.

5. **Rombóides** - ligam as omoplatas à espinha. Em sua maior parte situa-se sob o trapézio.

6. **Latíssimo do dorso** - desce do tórax até a região lombar. Ele puxa os ombros para baixo e para trás e o corpo para cima.

7. **Iliocostal** - (não mostrado) está atrás do pescoço, peito e abdome. Esse importante músculo estende a espinha e mantém o corpo ereto.

8. **Quadrado lombar** - (não mostrado) um músculo interno profundo da cintura. Ele inclina o corpo para os lados.

9. **Transverso do abdome** - (não mostrado) um músculo interno profundo que percorre o abdome. Ele faz pressão no abdome e mantém os órgãos no lugar. Situa-se sob o músculo oblíquo interno (veja 10).

10. **Oblíquo interno do abdome** - (não mostrado) cruza horizontalmente o abdome, comprime-o e movimenta o tronco. Fica embaixo do músculo oblíquo externo (veja 11).

11. **Oblíquo externo do abdome** - músculo lateral do abdome. Comprime o abdome e é usado para movimentar o tronco em qualquer direção.

12. **Reto do abdome** - este músculo desce verticalmente, pela parte anterior de todo o abdome. Este músculo postural puxa a frente da pélvis para cima.

13. **Pectíneo** - (não mostrado) um músculo interno. Ele forma o assoalho pélvico e se liga à parede da pélvis, que está situada nas profundezas da cavidade pélvica.

14. **Iliopsoas** - (não mostrado) esse músculo profundo é parte do flexor dos quadris. Ele vai da parte anterior do fêmur até a região lombar. Ele eleva a coxa em direção ao quadril.

15. **Adutores** - músculos internos da coxa, usados para movimentar a perna para dentro.

16. **Glúteos máximos** - formam as nádegas. Eles são usados para andar, correr e saltar.

17. **Quadríceps** - situa-se no meio da parte anterior da coxa. Ele faz o movimento oposto ao semitendinoso, ou tendão da coxa.

18. **Semitendíneo** - também conhecido como tendão da coxa, este músculo situa-se no meio da parte posterior da coxa. É usado para estender a coxa e flexionar a perna na junta do joelho.

19. **Gastrocnêmius** - situa-se na parte posterior da perna, abaixo dos joelhos e forma a maior parte da panturrilha. É o músculo que dá força para andar e correr.

20 MINUTOS DE EXERCÍCIOS AERÓBIOS

Exercícios aeróbios requerem o uso de oxigênio e envolvem pulmões, coração e sistema circulatório, pois queimam calorias, reduzem os níveis de estresse e a produção de cortisol, diminuem a pressão sanguínea, além de desenvolver a boa forma cardiovascular e melhorar os níveis de colesterol. Quando você achar que sua sessão está fácil ou desejar perder peso mais rapidamente, acrescente mais sessões durante a semana.

Durante os "intervalos" de 20 minutos da sessão de exercícios, você deve alternar atividades rápidas, pesadas e intensas, com curtos períodos de atividade mais leve. Esse método tem sido considerado uma maneira de perder peso. Por exemplo, se você pratica trote, deve aquecer-se por 5 minutos e depois correr rapidamente de 1 a 2 minutos (dependendo de seu nível de condicionamento) e trotar devagar por mais 2 minutos. Depois, você deve repetir o processo durante 20 minutos. Esse método pode ser aplicado a qualquer das sugestões de exercícios aeróbios (veja boxe na p. 72).

Se você, no início, sentir dificuldade em se exercitar por 20 minutos, comece com menos, e vá aos poucos aumentando o tempo. Você pode fazer uma mistura de exercícios aeróbios se quiser, por exemplo, correr e remar, ou andar de bicicleta, fazer step e dançar. Para evitar contraturas ou lesões, certifique-se de fazer o aquecimento e relaxamento sempre, antes e depois dos exercícios aeróbios (veja abaixo).

JUNTANDO TUDO

Antes de começar qualquer sessão de exercícios você precisa ter certeza de que seus músculos estejam bem aquecidos. Tente caminhar rapidamente, trotar no local, pedalar calmamente sem sair do local, remar, fazer step ou saltar por 5 minutos. Você deve se sentir aquecida, mas não exausta.

Faça os alongamentos de aquecimento nas páginas 77 – 83. Eles são importantes, não podem ser deixados de lado.

Selecione pelo menos 3 exercícios das páginas 84-95 (para os glúteos, quadris e coxas) e 5 das páginas 96-117 (para o abdome).

Depois faça os alongamentos relaxantes das páginas 118-123. Para relaxar, você pode também usar alguns dos alongamentos das páginas 77-83.

Repetições e séries

Em cada exercício está especificado o número de repetições e séries que você deve fazer. Repetições são o número de vezes seguidas que você repete um exercício. As séries representam o número total de repetições. Assim, se você fizer 3 séries com 8 repetições cada, fará no total 24 vezes o exercício.

Para exercícios feitos dos dois lados do corpo, o número de repetições especificadas é só para um lado.

USAR PESOS DE MÃO

Quando começar a sentir-se mais forte e em forma, use pesos de mão para aumentar a resistência nos seguintes exercícios:

- **Flexão do quadril** p. 83)
- **Agachamento** (p. 84)
- **Extensão do quadril** (p. 90)
- **Passada à frente** (p. 92)

Trabalhe esses músculos!

No início de cada exercício, você será informada sobre quais músculos serão trabalhados. A menos que já conheça todos os músculos e suas funções, provavelmente achará útil ter como referência os diagramas e explicações da página 73, que descrevem onde estão os músculos importantes do corpo e o que fazem.

EXEMPLO DA ROTINA DE EXERCÍCIOS

Aquecimento

- Aquecer o tronco (p. 77)
- Lateral da coluna (p. 78)
- Rotação da coluna (p. 79)
- Alongar a perna (p. 80)
- Posterior da coxa (p. 81)
- Anterior da coxa (p. 82)
- Flexão do quadril (p. 83)

Exercícios de tônus

- Agachamento (p. 84)
- Glúteos unilateral (p. 86)
- Contrair glúteos (p. 87)
- Extensão unilateral (p. 88)
- Passada à frente (p. 92)
- Adução das coxas (p. 94)
- Rolamento (p. 96)
- Abdominal tesoura (p. 102)
- Abdominal prancha (p. 104)
- Inferior sentado (p. 108)
- Abdominal oblíquo (p. 110)

Relaxamento

- Alongar os adutores (p. 118)
- Músculos mediais (p. 119)
- Rotação do tronco (p. 120)
- Postura da criança (p. 122)

CONFORTO E SEGURANÇA

Use roupas próprias para ginástica. Algo confortável como camiseta e calça *leg* ou calção está bom, e para as mulheres, um top de ginástica é um bom investimento. Você precisará de um par de tênis adequado para absorver os impactos e proteger seus pés. Uma toalha de ginástica ou colchonete também será útil para ajudar a proteger joelhos, quadris e costas.

É importante que você não fique desidratada: beba água antes, durante e depois dos exercícios. A água mantém seu corpo hidratado, elimina as toxinas, repara as células e ajuda a manter sua pele bonita. Prefira a água mineral ou filtrada.

Steps

- **REPETIÇÕES 10**
- **SÉRIES 1-2**

Antes de começar os exercícios, aqueça o corpo com exercícios aeróbios moderados, como correr no lugar, pular ou fazer step. A seguir, faça alguns que estão nas páginas 77-83.

Suba e desça de um degrau alternando os pés.

Aquecer o tronco

- **REPETIÇÕES 10**
- **SÉRIES 1-2**

Estes exercícios de aquecimento da parte superior do corpo são bons para abrir o peito, alongar os músculos peitorais e a coluna.

ATENÇÃO

- Enquanto faz círculos com os braços, mantenha as costas retas e alongadas e os ombros para baixo
- Alongue braços e dedos para cima com as palmas viradas frente a frente
- Mantenha o abdome contraído

1

Fique em pé com os pés voltados para a frente e separados na distância dos quadris. Contraia o abdome, deixe os braços soltos e faça círculos braços para a frente e ao redor do corpo. Repita no sentido contrário.

2

Puxe o braço direito na frente do corpo. Ponha a mão esquerda sobre o braço esquerdo e pressione firmemente. Conte até 10, e repita com o outro braço.

Lateral da coluna

- REPETIÇÕES 5-8
- SÉRIE 1

Este exercício vai alongar e tonificar os músculos oblíquos externos que percorrem as laterais de sua cintura. Você logo notará que sua mão chega até abaixo dos joelhos.

ATENÇÃO

- **Tente manter o abdome contraído**
- **Expire ao abaixar e ao levantar**
- **Deixe a cabeça pender sobre os ombros enquanto alonga**

1

Fique em pé com os pés voltados para a frente e separados na distância dos quadris, e mantenha os braços soltos ao longo do corpo.

2

Expire e escorregue o braço direito pelo lado direito do corpo em direção aos joelhos. Deixe que a cabeça e os ombros acompanhem o braço, e alongue os dedos. Mantenha o abdome contraído para maximizar o alongamento. Inspire e retorne à posição original. Repita do lado esquerdo.

Rotação da coluna

- **REPETIÇÕES 10**
- **SÉRIE 1**

Este é um excelente exercício para tonificar e alongar sua cintura, trabalhando os músculos oblíquos externos do lado oposto.

ATENÇÃO

- Certifique-se de que seus joelhos estejam levemente flexionados
- Lembre-se de empurrar os cotovelos para trás
- Mantenha as costas alongadas

1

Fique em pé com os pés voltados para a frente e separados um pouco além da linha dos quadris. Ponha uma mão de cada lado da cabeça, com os cotovelos virados para fora. Flexione levemente os joelhos.

2

Gire o tronco para a direita empurrando os cotovelos para trás. Retorne à posição original e repita para a esquerda.

Alongar a perna

- REPETIÇÕES 3
- SÉRIES 1-5

Este movimento alonga os músculos da parte posterior da perna. Pode ser feito tanto para alongar quanto para relaxar.

ATENÇÃO

- Apóie-se em uma barra ou contra uma parede para facilitar o movimento
- Mantenha os dedos dos pés apontados para a frente

1

Em pé, junte os pés. Ponha as mãos nos quadris e alongue a coluna.

2

Dê um passo à frente com a perna esquerda. Incline o tronco e ponha o peso sobre a perna esquerda, que deve estar flexionada. Mantenha o pé direito reto e todo apoiado no chão: sinta o alongamento da panturrilha. Conte até 10, volte à posição inicial e repita com a outra perna.

Posterior da coxa

- **REPETIÇÕES 3**
- **SÉRIES 1-2**

Este alongamento fortalecerá os tendões das coxas ajudando a prevenir lesões. Pode ser feito tanto para alongar quanto para relaxar.

ATENÇÃO

- Empurre os quadris para trás para sentir o alongamento
- Mantenha o peito erguido

1

Fique em pé com os pés juntos. Estique a perna esquerda para a frente mantendo o pé no chão. Dobre o joelho direito. Incline o tronco para a frente a partir dos quadris até sentir o alongamento atrás da perna esquerda.

2

Mantendo o pé direito no chão, levante os dedos dos pés em sua direção. Deixe o calcanhar no chão e sinta o alongamento na parte de trás de toda a perna esquerda. Conte até 10. Retorne à posição inicial e repita com a perna direita.

Anterior da coxa

- **REPETIÇÕES 3**
- **SÉRIES 1-2**

Este alongamento trabalha os músculos quadríceps (parte anterior da coxa). É um excelente exercício para ser praticado regularmente, tanto para alongar como para relaxar.

ATENÇÃO

- **Empurre os quadris ligeiramente à frente para aumentar o alongamento**
- **Mantenha as costas retas e alongadas**
- **Se sentir dificuldade de equilíbrio, use uma cadeira ou parede para se apoiar**

Fique em pé com a mão esquerda esticada para a frente ou para o lado para facilitar o equilíbrio, dobre o joelho direito e segure o peito do pé com a mão direita. Puxe o calcanhar direito em direção ao lado direito do bumbum, mantendo os joelhos alinhados. Você sentirá o alongamento na parte da frente da coxa. Conte até 10 e retorne à posição original. Repita com a perna esquerda.

Flexão do quadril

- **REPETIÇÕES 10-16**
- **SÉRIES 1-2**

Este aquecimento é bom para tonificar sua cintura, pois trabalha os músculos do abdome: os oblíquos externos e o reto abdominal. Também fortalece os músculos quadríceps das coxas.

ATENÇÃO

- Mantenha as costas retas e os ombros para baixo
- Faça a rotação da cintura para trabalhar os músculos oblíquos

Fique em pé com os pés voltados para a frente e separados na distância dos quadris. Levante o joelho direito na altura do peito e cruze o cotovelo esquerdo em direção ao joelho direito. Repita, levantando o joelho esquerdo à altura do peito e cruzando o cotovelo direito em direção ao joelho esquerdo.

Variações

Para introduzir um elemento aeróbio, dê um pulinho cada vez que levantar o joelho. Para aumentar a intensidade do exercício segure um peso em cada mão.

Agachamento

- **REPETIÇÕES 10**
- **SÉRIES 1-3**

Este primeiro exercício do programa fortalece os músculos anteriores e posteriores das coxas, glúteos médios e máximos dos quadris.

ATENÇÃO

- **Mantenha os pés totalmente apoiados no chão**
- **Não se abaixe muito rapidamente**
- **Certifique-se de que seu bumbum não desça abaixo dos joelhos**

1

Em pé, com os pés voltados para a frente e separados na distância dos quadris, ponha as mãos nos quadris e contraia o abdome. Mantendo as costas retas, dobre os joelhos, inclinando-se para a frente até que seu tronco esteja a 90 graus de suas coxas. Mantenha os pés totalmente apoiados no chão. Conte até 3.

2

Usando os músculos das coxas retorne à posição original, mas não estique totalmente as pernas antes da repetição. Para aumentar a intensidade do exercício, adicione pesos de mão.

Agachar e saltar

- REPETIÇÕES 5-10
- SÉRIES 1-3

Este exercício trabalha os músculos anteriores e posteriores da coxa, glúteos médios e máximos. É puxado e talvez, você consiga apenas 3 ou 4 repetições no início.

ATENÇÃO

- No início, faça apenas as repetições que conseguir
- Lembre-se de dobrar os joelhos quando aterrissar
- Mantenha queixo e cabeça para cima

1

Fique em pé com os pés voltados para a frente e separados na distância dos quadris, abdome contraído e mãos nos quadris. Agache como no exercício anterior.

2

Agora dê um salto. Bata os calcanhares quando estiver no alto e separe os pés ao tocar o chão, voltando para a posição agachada inicial.

Glúteos unilateral

- **REPETIÇÕES 16**
- **SÉRIES 1-3**

Este exercício trabalha o tônus dos glúteos médios e máximos, (quadris e nádegas) assim como os flexores dos quadris. Também fortalece a parte posterior da coxa.

ATENÇÃO

- Mantenha o abdome pressionado em direção à coluna
- Empurre as pernas o mais alto que conseguir, sem esforço
- Faça o exercício devagar e mantenha o controle

Fique de quatro mantendo os cotovelos sob o peito e os joelhos sob os quadris. Abaixe o tronco sobre os cotovelos.

Levante a perna esquerda, mantendo os joelhos flexionados em 90 graus, até que a sola de seu pé fique voltada para o teto. Levante o pé bem acima dos quadris. Mantenha a posição e contraia os glúteos por 2 segundos. Volte a perna para a posição inicial e repita com a perna direita.

Contrair glúteos

- REPETIÇÕES 20
- SÉRIES 1-3

Fortalecendo as coxas e os glúteos máximos e mínimos, este exercício tonifica seu bumbum. Também trabalha os músculos abdominais e a região lombar.

ATENÇÃO

- Mantenha o bumbum fora do chão durante o exercício
- Puxe seu abdome para baixo e mantenha-o contraído
- Levante o quadril

Deite de costas com os joelhos flexionados e os pés no chão, separados na distância dos quadris.

Levante os quadris do chão o máximo que puder. Eleve e contraia os glúteos com força. Conte até 4 e desça os quadris até o chão.

Extensão unilateral

- **REPETIÇÕES 16**
- **SÉRIES 1-3**

Este é um ótimo exercício para tonificar as pernas, trabalhando a parte posterior e anterior da coxa. Também é bom para os glúteos – máximo, mínimo e médio e o flexor dos quadris.

ATENÇÃO

- **Mantenha o corpo em linha reta durante todo o exercício**
- **Mantenha a cabeça sobre os braços**

1

Deite de bruços, com a testa apoiada nos braços.

2

Estenda a perna esquerda para trás. Conte até 10 e abaixe. Repita com a direita.

Adução das pernas

- **REPETIÇÕES 16**
- **SÉRIES 1–3**

Este exercício fortalece os glúteos máximos e médios das nádegas, bem como o flexor dos quadris. No começo, as pernas ficam doloridas.

ATENÇÃO

- Mantenha o corpo em linha reta
- Para evitar que o corpo role para trás, empurre os quadris para a frente
- Não faça movimentos contínuos – lembre-se de respirar

1

Deite de lado, com o corpo em linha reta, cotovelo direto flexionado e a cabeça apoiada no chão. Ponha a mão esquerda no chão, perto do corpo para se apoiar. Mantenha os quadris voltados para a frente e flexione o joelho direito, de modo que o pé direito fique voltado para trás.

2

Erga a perna esquerda o mais que puder. Segure a posição e conte até 2 e abaixe. Procure repetir 16 vezes e mude de lado.

Extensão do quadril

- **REPETIÇÕES 16**
- **SÉRIES 1-3**

Este exercício trabalha os músculos inferiores do tronco, como os das coxas e os glúteos máximos do bumbum. Os flexores e iliocostal também são trabalhados.

Em pé, com os pés juntos e mãos nos quadris, incline o tronco para a frente a partir dos quadris, mantendo as costas retas e a cabeça alongada. Alongue a perna direita bem atrás de você.

Estenda a perna direita para trás o mais alto que puder confortavelmente. Conte até 2 e retorne. Repita com a perna esquerda.

ATENÇÃO

- Mantenha as costas retas
- Certifique-se de que seus quadris estejam voltados para a frente para proteger as costas
- Segure no encosto de uma cadeira se precisar de apoio enquanto levanta a perna

Variação

Para aumentar a intensidade do exercício, segure um peso de 2 a 4 kg em cada mão.

Enquanto você levanta a perna, erga os pesos com os braços estendidos acima da cabeça (os pesos fazem com que você estenda a perna mais alto). Conte até 2 e volte. Repita com a outra perna.

Passada à frente

Este exercício é excelente para fortalecer bumbum, coxas e pernas. Os músculos trabalhados são os glúteos, anteriores e posteriores das coxas e gastrocnêmius.

- **REPETIÇÕES 10**
- **SÉRIES 1-3**

Fique em pé, com os pés juntos. Segure um peso em cada mão, com os braços soltos ao longo do corpo, com as palmas viradas para dentro.

Dê um passo largo à frente com a perna esquerda, mantendo o abdome contraído e as costas retas.

ATENÇÃO

- Não deixe que o joelho flexionado toque o chão
- Os ombros devem estar alinhados com os quadris
- Ponha o peso sobre o calcanhar do pé que está à frente para trabalhar os músculos dos glúteos

3

Flexione os joelhos até que o joelho direito esteja perto do chão. Levante os pesos para os lados até que seus braços fiquem paralelos ao chão. Conte até 2. Usando a coxa direita, retorne à posição inicial. Ao mesmo tempo, abaixe os braços. Repita com a perna esquerda.

Adução das coxas

- **REPETIÇÕES 16**
- **SÉRIES 1-3**

Este exercício tem como objetivo específico os músculos adutores e a parte interna das coxas. Você terá que manter a parte interna das coxas pressionada durante todo o exercício para trabalhar adequadamente esses músculos.

Deite sobre o lado direito do corpo em linha reta, com o cotovelo direito flexionado e a mão direita apoiando a cabeça. Ponha a mão esquerda na frente e próxima ao corpo como apoio.

Dobre a perna esquerda e apóie o pé inteiro no chão à sua frente.

ATENÇÃO

- Não faça movimentos contínuos – lembre-se de segurar o movimento
- Não deixe que a perna toque o chão enquanto faz os movimentos
- Para evitar rolar para trás, empurre os quadris para a frente

3

Levante devagar a perna direita (você conseguirá levantar mais alto à medida que ficar mais forte). Tente manter a perna reta e os dedos flexionados. Conte até 2 e abaixe. Procure erguer a perna 16 vezes e repita do outro lado.

Rolamento

- REPETIÇÕES 20-25
- SÉRIES 1-3

Comprimindo os músculos oblíquos da cintura, este exercício abdominal também tonifica seu abdome. Pode ser que no início você só consiga 8 repetições, mas, com prática, você chegará a 25.

Deite de costas com os joelhos flexionados, pés totalmente apoiados no chão e mãos ao longo do corpo com as palmas viradas para cima. Contraia os músculos do abdome em direção à coluna.

Levante os ombros e a cabeça para cima e para a frente, mantendo a parte inferior das costas no chão.

Apóie a mão esquerda ao lado da cabeça com o cotovelo apontando em direção ao joelho esquerdo. Levante o braço direito, a palma para o alto, mantendo o braço baixo no início. Enquanto levanta mais a mão em direção ao joelho, você sentirá os músculos da cintura sendo comprimidos ainda mais.

ATENÇÃO

- Mantenha as costas retas contra o chão e incline o quadril para cima
- Expire para começar e inspire para voltar
- Faça cada movimento devagar e concentre-se nos músculos que você está trabalhando

4

Levante o tronco o mais que puder, mantendo o queixo pressionado contra o peito, e volte à posição inicial, mas mantendo os ombros fora do chão. Sem parar, repita do outro lado.

Abdominal alternado

- **REPETIÇÕES 30**
- **SÉRIES 1-3**

Este exercício fortalece os retos abdominais - os maiores músculos da região pélvica e também os músculos oblíquos interno e externo, juntamente com os flexores dos quadris.

Deitada de costas, flexione os joelhos a 90 graus. Ponha as mãos na lateral da cabeça.

Levante a cabeça e os ombros.

Mova as pernas como se estivesse pedalando uma bicicleta e movimente o tronco de um lado para outro enquanto empurra cada cotovelo em direção ao joelho oposto.

ATENÇÃO

- Certifique-se de que o pescoço esteja relaxado
- Expire toda vez que o joelho chegar ao peito
- Mantenha os ombros e a cabeça fora do chão

Variação

Tente manter as pernas retas enquanto faz o movimento.

Abdominal reto

- **REPETIÇÕES 10**
- **SÉRIES 1–3**

Trabalhando os maiores músculos do abdome, inclusive os oblíquos externo e interno, este exercício vai tonificar e fortalecer a frente e as laterais de seu abdome.

1

Deite de costas com os joelhos flexionados e separados na distância dos quadris. Coloque as mãos em ambos os lados da cabeça.

2

Contraia os músculos do abdome e levante os ombros, expirando. Mantenha o queixo levantado. Conte até 2, inspire e retorne devagar, mas não deixe que os ombros toquem o chão.

ATENÇÃO

- A eficácia deste exercício depende da técnica – faça movimentos lentos e controlados
- Não puxe o pescoço e não deixe que suas costas arqueiem
- Certifique-se de que os ombros saiam do chão e permaneçam assim por todo o exercício

Variação

Para uma versão mais difícil deste exercício, continue a subir o tronco até que os ombros e a parte superior das costas estejam fora do chão. Conte até 2, inspire e volte, mas não deixe que os ombros toquem o chão.

Abdominal tesoura

- REPETIÇÕES 30
- SÉRIES 1–3

Este exercício tonifica o abdome e fortalece as pernas, especialmente os quadríceps e flexores dos quadris. Talvez você só consiga algumas tesouras no início, mas logo vai melhorar.

1

Deitada de costas, apóie-se nos cotovelos com as mãos espalmadas contra o chão e dedos apontados em direção aos quadris. Incline-se para trás até que seu tronco fique a 45 graus do chão. Flexione os joelhos e puxe-os em direção ao peito.

2

Estenda as pernas até chegarem a 45 graus do chão. Contraia os músculos do abdome para dentro e para baixo.

ATENÇÃO

- Não deixe que pés e pernas toquem o chão
- Não deverá haver qualquer tensão em suas costas
- Mantenha o abdome contraído e empurre os músculos para baixo

3

Cruze a perna direita sobre a perna esquerda e depois a esquerda sobre a direita, movimentando-as como uma tesoura.

4

Continue o movimento levando as pernas para cima e para baixo o mais alto e o mais baixo que puder.

Abdominal prancha

- REPETIÇÕES 2
- SÉRIES 1–3

Este exercício é excelente para fortalecer costas, abdome e ombros. Ele trabalha especificamente o transverso do abdome, o músculo abdominal mais profundo, que afina a sua cintura.

ATENÇÃO

- Mantenha o corpo reto da cabeça aos calcanhares
- Mantenha os quadris levantados e o abdome contraído em direção à coluna
- Lembre-se de respirar normalmente enquanto faz o exercício

Deite de barriga para baixo com os cotovelos flexionados a 90 graus sob os ombros e os antebraços e palmas da mão retos no chão. Levante do chão apoiando-se nos dedos dos pés e nos cotovelos. Mantendo os quadris e costas numa linha reta, contraia o abdome e conte até 20.

Variação

Para aumentar a intensidade do exercício, estenda a perna para trás e segure. Volte à posição original e estenda a perna direita e segure como antes.

Abdominal ponte

- REPETIÇÕES 5–10
- SÉRIES 1–3

Este exercício foca os músculos abdominais, os oblíquos internos e externos, trabalhando cintura e abdome. Quanto mais tempo você segurar o movimento, mais tensão coloca nos abdominais.

ATENÇÃO

- Contraia os músculos do abdome enquanto se levanta e mantenha-os contraídos até descer
- Mantenha o corpo numa linha reta dos ombros aos calcanhares
- Não abaixe os quadris

1

Deite sobre o lado direito com o corpo em linha reta e a perna esquerda apoiada sobre a direita. Apóie-se no braço direito com o cotovelo flexionado.

2

Levante os quadris, apoiando o peso no antebraço direito e nos pés. Seu braço esquerdo descansa sobre a perna esquerda. Conte até 10 e volte. Repita 5-10 vezes de cada lado.

Inferior deitado

- **REPETIÇÕES 10–20**
- **SÉRIES 1–3**

Este exercício abdominal tonifica e fortalece os maiores músculos do abdome, inclusive o reto abdominal e os flexores do quadril. Talvez seja difícil no início, mas quando seus músculos estiverem mais fortes, você será capaz de fazer mais repetições.

1

Deite de costas com os joelhos flexionados e os pés totalmente apoiados no chão. Ponha os braços ao longo do corpo, apoiando-os no chão. Flexione os joelhos e levante as pernas.

2

Enquanto contrai os músculos do abdome, puxe os quadris em direção às costas, levantando-os. Mantenha as pernas a 90 graus de seu corpo. Expire enquanto levanta e inspire para voltar.

ATENÇÃO

- Faça movimentos pequenos, lentos e controlados para levantar e abaixar os quadris
- Se você achar este exercício difícil, cruze os tornozelos
- Não faça o exercício se sentir dores nas costas

Variação

Para tornar este exercício mais difícil, coloque as mãos em ambos os lados da cabeça e levante cabeça, pescoço e ombros ao mesmo tempo em que levanta os quadris.

Inferior sentado

- **REPETIÇÕES 10–20**
- **SÉRIES 1–3**

Excelente para fortalecer os músculos abdominais infra-umbilicais, parte anterior da coxa e flexores do quadril, este exercício também fortalece o músculo iliocostal e estabilizadores.

1

Sente-se com os joelhos flexionados, pés retos no chão e mãos apoiadas no chão ao lado do corpo.

2

Incline-se para trás suavemente a partir dos quadris e levante as pernas, mantendo os joelhos levemente flexionados e dedos dos pés apontando para baixo.

ATENÇÃO

- Mantenha o queixo levantado
- Não contraia o pescoço
- Mantenha os músculos do abdome contraídos para a dentro e para baixo

3

Estenda os braços, alongando-os para a frente, palmas viradas para cima. Conte até 4 e volte para a posição inicial.

Variação

Para aumentar a intensidade do exercício, estenda as pernas e mantenha-as no ar.

Abdominal oblíquo

- **REPETIÇÕES 10–20**
- **SÉRIES 1–3**

Este exercício trabalha os músculos oblíquos do lado oposto que percorrem os lados e a frente de seu abdome, assim como os abdominais superiores. É freqüentemente feito focando os "pneuzinhos".

1

Deite de costas com os joelhos flexionados e a mão esquerda ao lado da cabeça. O braço e a mão direitos ficam apoiados no chão. Cruze a perna direita sobre o joelho esquerdo.

2

Levante a escápula, sustentando a cabeça com a mão esquerda.

ATENÇÃO

- Não empurre a cabeça para a frente
- Não puxe o lado de trás do pescoço com as mãos
- Certifique-se de usar os músculos do abdome e não um impulso

Levante a parte superior do corpo na diagonal, em direção ao joelho direito e ao mesmo tempo afaste esse joelho para longe do corpo. Repita 10-20 vezes e troque de lado.

Oblíquo alternado

Apesar de os movimentos serem muito similares ao exercício anterior e trabalharem o mesmo conjunto de músculos, este também, fortalece os músculos das costas e os flexores do quadril.

- **REPETIÇÕES 10–20**
- **SÉRIES 1–3**

1

Deite de costas com os joelhos flexionados, as pernas levantadas no ar e as mãos em ambos os lados da cabeça.

2

Tire os ombros do chão.

ATENÇÃO

- Não puxe a cabeça ou pescoço
- Mantenha o queixo levantado enquanto leva os joelhos em direção à cabeça
- Certifique-se de que esteja respirando corretamente

Puxe as pernas e os quadris em direção ao tórax ao mesmo tempo em que empurra os ombros para a frente. Expire enquanto leva os joelhos em direção ao ombro esquerdo. Inspire enquanto volta à posição inicial. Repita, levando os joelhos em direção ao ombro direito. Continue alternando as pernas por 10-20 repetições.

Extensão e flexão

- **REPETIÇÕES 10–20**
- **SÉRIES 1–3**

Este abdominal é um excelente exercício para o músculo transverso do abdome, o mais profundo dos músculos do abdome e um dos que dão suporte à pélvis e à região lombar.

ATENÇÃO

- Faça este exercício devagar – é preciso controle para maximizar sua eficácia
- Para tornar o exercício mais fácil no início, flexione mais as pernas e abaixe-as em direção ao chão, perto do bumbum
- Cuidado para não arquear as costas durante o exercício

1

Deite de costas com os joelhos flexionados e os pés totalmente apoiados no chão. Ponha as mãos no chão ao longo do corpo. Levante os joelhos até que as coxas estejam a 90 graus do chão.

2

Abaixe a perna direita devagar, mantendo o joelho flexionado e encoste o calcanhar no chão.

3

Levante a perna direita em direção ao peito. A perna esquerda permanece levantada. Eleve o joelho direito para perto do joelho esquerdo. Repita com a perna esquerda.

Abdominal reto

- **REPETIÇÕES 5–10**
- **SÉRIES 1–3**

Este exercício forte desafia os músculos abdominais, incluindo o reto abdominal, os oblíquos e os flexores do quadril. Lembre-se de puxar os músculos do abdome para trás e para baixo.

ATENÇÃO

- **Mantenha os cotovelos relaxados**
- **Não balance os braços para chegar mais à frente**
- **Certifique-se de que esteja respirando corretamente**

Deite de costas e levante as pernas acima dos quadris. Mantenha os joelhos levemente flexionados. Ponha as mãos sobre as pernas, abaixo dos joelhos, mantendo cabeça e ombros no chão.

Tire os ombros do chão e, ao mesmo tempo, escorregue os braços pela perna até o tornozelo e volte. Expire ao levantar e inspire ao descer.

Variação

Para uma versão mais intensa, movimente os braços por toda a perna abaixo dos joelhos e estique as pernas cada vez que levantar.

Alongar os adutores

- **REPETIÇÕES 1**
- **SÉRIES 1**

Este exercício de relaxamento ajuda na flexibilidade ao alongar a região da virilha, os flexores dos quadris, incluindo os músculos iliopsoas e os adutores da parte interna da coxa.

ATENÇÃO

- **Alongue com delicadeza, tomando cuidado para não fazer movimentos bruscos**
- **Empurre o peito para a frente, não para baixo, para manter a coluna alongada**

1

Sente-se no chão e junte as solas dos pés. Deixe os joelhos caírem para os lados. Coloque as mãos sobre os pés ou os tornozelos e os cotovelos sobre a parte interna dos joelhos.

2

Incline-se para a frente a partir dos quadris, deixando as costas planas e pressionando os joelhos delicadamente em direção ao chão.

Músculos mediais

- **REPETIÇÕES 1**
- **SÉRIES 1**

Este alongamento trabalha a virilha, através dos flexores do quadril incluindo o músculo iliopsoas, até os adutores na parte interna das coxas.

ATENÇÃO

- Mantenha o tronco reto
- Certifique-se de que os calcanhares estejam em linha reta antes de começar

Fique em pé com os pés bem afastados, flexione o joelho direito e transfira o peso do corpo para a direita. Ponha as duas mãos sobre a coxa direita. Mantenha a perna esquerda estendida. Conte até 10 e retorne à posição inicial. Repita do outro lado.

Rotação do tronco

- REPETIÇÕES 1
- SÉRIES 1

1

Sente-se com as pernas estendidas na sua frente. Apóie as mãos no chão ao lado do corpo. Cruze a perna direita sobre a esquerda, flexionando o joelho direito e colocando o pé direito no chão.

2

Ponha o braço esquerdo ao redor do joelho direito, de modo que seus dedos e o antebraço se apóiem na parte externa da coxa direita. Usando a mão esquerda, flexione a perna direita e leve-a em direção ao lado esquerdo do corpo.

ATENÇÃO

- Mantenha a coluna alongada e os ombros relaxados e para baixo
- Expire ao torcer o tronco
- Mantenha o braço ao redor do joelho enquanto o comprime ao peito

3

Flexione a perna esquerda ao redor do lado direito do corpo. O calcanhar esquerdo deve estar perto da nádega direita. Vire a cabeça e olhe por cima do ombro direito. Conte até 5 e retorne à posição original. Repita do outro lado.

Postura da criança

- **REPETIÇÕES 1**
- **SÉRIES 1**

Este é um exercício tanto de relaxamento como de alongamento. Você sentirá o alongamento nos músculos da coluna, aliviando a tensão das costas, das coxas e dos quadris.

1

Ajoelhe-se e sente sobre os calcanhares. Abra bem os joelhos e levante os braços em direção ao teto.

2

Abaixe o peito e os braços até o chão deixando o bumbum sobre os calcanhares. Alongue para a frente e conte até 10. Levante os braços em direção ao teto, levantando o peito para voltar à posição original.

ATENÇÃO

- Não faça este exercício se tiver algum problema nos joelhos. Entretanto, o exercício pode ser feito para aliviar dores nas costas
- Respire delicadamente enquanto estiver na posição mais baixa
- Inspire para voltar a sentar

1

Variação

Algumas pessoas podem ficar mais confortáveis sentando-se sobre uma toalha durante o alongamento. Ajoelhe se como antes, colocando uma toalha enrolada atrás dos joelhos.

2

Uma variação mais fácil é alongar os braços para trás do corpo enquanto leva o peito em direção ao chão. Conte até 5.

Índice

A

B

C

D

M

N

O

P

Q

R

Agradecimentos

AGRADECIMENTOS DO AUTOR

Gostaria de agradecer a Jane e sua equipe do Hamlyn. Também a meus filhos, Alex e Harrison, a meus pais pelo apoio contínuo, a Fiona por sua especialidade culinária e, claro, a Mark, por sua inspiração.

AGRADECIMENTO DO EDITOR

Editora executiva Jane McIntosh
Editora Fiona Robertson
Arte Karen Sawyer
Projeto gráfico Martin Topping
Produção Manjit Sihra
Arquivo de imagens Sophie Delpech
Pesquisa de imagens Aruna Mathur

FOTOS

Fotos especiais © Octopus Publishing Group Limited/ Mike Prior

Alamy 36. **Corbis UK Limited**/LWA-Dann Tardif 13; / Geoge Shelley 8. **Getty Images** 21; / Brooke Fasani 6; / Deborah Jaffe 9. **Octopus Publishing Group Limited**/ Frank Adam 14 centro esquerda, 14 direita, em baixo, 18 esquerda, 34, 52, 68; /Stephen Conroy 33, 35, 37, 43, 47, 49, 62, 63, 64, 65; / Jeremy Hopley 40; / David Jordan, 17 em baixo; Sandra Lane 14 em cima esquerda, 44;/ David Lingwood 14, centro, esquerda, 15, 28, 30, 46, 48, 66; / Peter Myers 17 em cima; / Sean Myers 14 em baixo, esquerda; / Ian O´Leary 19;/ Lis Parsons 29, 31, 39, 41, 45, 51, 53, 55, 57, 58, 59, 61, 67, 69; / Peter Pugh Cook 75 em baixo;/ William Reavell 16, 32, 42; / Gareth Sambidge 18 direita, 27, 50, 56; / Simon Smith 14 em cima direita; / Ian Wallace 38, 54, 60. **Photolibrary** 74.